古镜今鉴

群书治要故事选

（唐）魏徵 褚亮 虞世南 萧德言 合编

中国华侨出版社

图书在版编目（CIP）数据

古镜今鉴：《群书治要》故事选/（唐）魏徵等辑录；《群书治要》考译编委会编选. --北京：中国华侨出版社，2013.2　（2021.2重印）

ISBN 978-7-5113-3236-3

Ⅰ.①古…　Ⅱ.①魏…　②群…　Ⅲ.①政书－中国－唐代－通俗读物　Ⅳ.①D691.5-49

中国版本图书馆CIP数据核字(2013)第017185号

● 古镜今鉴：《群书治要》故事选

辑　　录/（唐）魏徵等

编　　者/《群书治要》考译编委会

责任编辑/付改兰

责任校对/志　刚

经　　销/新华书店

开　　本/787毫米×1092毫米　16开　印张/17.25　字数/220千

印　　刷/三河市嵩川印刷有限公司

版　　次/2013年5月第1版　2021年2月第2次印刷

书　　号/ISBN 978-7-5113-3236-3

定　　价/48.00元

中国华侨出版社　北京市朝阳区静安里26号通成达大厦3层　邮　编：100028

法律顾问：陈鹰律师事务所

编辑部：（010）64443056　传真：（010）64439708

发行部：（010）64443051

网　址：www.oveaschin.com

E-mail：oveaschin@sina.com

孝是中華文化根。敬是中華文化本。落實在孝親尊師。中華傳統文化。五倫、五常、四維、八德。是也。文化是民族之靈魂。教育是文化之生機。故安身立命。教學為先。創業齊家。教學為先。建國君民。教學為先。禮義之邦。教學為先。穩定和諧。教學為先。國豐民安。教學為先。太平盛世。教學為先。長治久安。教學為先。

淨空時年八十有六

前言

《群书治要》是唐太宗李世民于贞观初年命魏徵、虞世南、褚亮、萧德言等名臣，从经、史、诸子百家著述中整理辑录历代帝王治国理政史料，撷取其中有关修身、齐家、治国、平天下之精要，汇编而成的一部资政巨著。

根据《新唐书·萧德言传》记载：太宗欲知前世得失，诏魏徵、虞世南、褚亮及德言裒次经史百氏帝王所以兴衰者上之，帝爱其书博而要，曰："使我稽古临事不惑者，公等力也！"

唐太宗在读《群书治要》后，在《答魏徵上〈群书治要〉手诏》中感慨道："观所撰书，见所未见，闻所未闻，使朕致治稽古，临事不惑。其为劳也，不亦大哉！"（见《全唐文》）。贞观九年，唐太宗再次总结阅读《群书治要》的感受说："手不释卷，知风化之本，见政理之源。"（见《贞观政要》）由此可知，《群书治要》一书为唐太宗及其群臣创建"贞观盛世"的重要施政参考和智慧源泉。

然而，此书亡于唐末兵戎，所幸由日本遣唐使带至日本，成为日本天皇和臣子必读书，并开创日本历史上的两朝盛世。直到清朝时期才重新传回国内，然知者甚少。

《群书治要》的特点，用一句话总结，即"博而要"。书中博采经典，又以"务乎政术"、"本乎治要"为原则，浓缩了中华古圣先贤和历代明君贤臣治国理政的思想精华。加上魏徵等人又是经国大器，有着高尚的道德与卓越的史识，这更使得《群书治要》成为一部"用之当今，足以鉴览前古；传之来叶，可以贻厥孙谋"的经典之作。对当今领导干部来说，学习此书，一可节省时间，二能概览精华，能够快速领会传统文化中的治国智慧，有着极高的价值。

编者先后负责和参加了《群书治要考译》和《群书治要译注》的编辑、整理和出版工作，曾阅读《群书治要》若干遍，常常被古代明君贤臣的行持所感动落泪，尤其对《群书治要》中选录的历史人物和故事倍爱有加。因此在译注的过程中便萌生了将书中的故事整理成编的想法。现在我们将这些故事节录出来，共二百三十二则，整理成册，名曰《古镜今鉴——〈群书治要〉故事选》。

这部书的译文部分，是从《群书治要考译》一书中节录的。《群书治要考译》一书，最初由陕西魏徵研究会会长吕效祖老先生组织了一批学者、教授义务译注此书，自启动至出版，前后历时近十年。在这个过程中，得到了原中共中央政治局委员、国务院副总理习仲勋及其夫人齐心同志的支持，习仲勋先生曾专为《群书治要考译》一书题词："古镜今鉴"。2011 年，这部书出版以后，反响巨大，被中央党校列为学员读物，受到不少领导同志的重视。现在这本《古镜今鉴》以习仲勋老先生的题字为书名，旨在望诸读者将此作为一面镜子，对照古人的嘉言懿行，蓄养已德。

古人云："以铜为镜，可以正衣冠；以史为镜，可以知兴替；以人为镜，可以明得失。"但愿读者诸君，以书中的人物、故事为镜，进而生起慕贤之心，效法圣贤，则国家贤才蔚起，人民自然可安享太平也。

《群书治要考译》编委会

肖祥剑执笔

癸巳年春月

目 录

卷一 君德

圣王第一

贤君第二

暗主第三

尊贤第四

立节第二

守职第三

进谏第四

尚贤第三

纳贤第四

择贤第五

任人第六

举孝廉第七

卷一 君德

圣王第一

帝尧放勋

【原文】昔在帝尧，聪明文思，光宅天下〔言圣德之远著〕。作《尧典》〔典者常也。言可为百代常行之道〕。曰若稽古，帝尧〔言能顺考古道而行之者，帝尧也〕，曰放勋，钦明文思安安〔勋，功也。言尧放上世之功化，而以敬、明、文、思之四德，安天下之当安者也〕，允恭克让，光被四表，格于上下〔既有四德，又信恭能让，故其名闻充溢四外，至于天地也〕。克明俊德，以亲九族〔能明俊德之士任用之，以睦高祖、玄孙之亲也〕。九族既睦，平章百姓〔百姓，百官〕。百姓昭明，协和万邦，黎民于变时雍〔时，是也。雍，和也。言天下众人皆变化从上，是以风俗大和也〕。（群书治要·尚书）

【译文】昔日唐尧称帝之时，以其聪敏贤明经纬天地，谋划众物，德光普照天下。（说的是古圣先贤的德化对当时及后世的深远影响。）后人因此写作了《尧典》。（典，是“常”的意思。可以作为子孙后代长久遵循的准则，才称之为“典”。）用心查考往事，凡事都遵循古人的常道，这个人就是尧帝。（这是说能够用心地查考并遵循古道而行的人，莫过于尧帝啊。）尧帝以“放勋”为名。以钦、明、文、思四德来安定天下。（勋，是“功绩”的意思。说的是尧效法前代圣王治理天下的经验，而以“敬、明、文、思”这四种德行教化人民，使天下得以安定。）他诚信、恭谨、克己、礼让，光辉普照四方，成为上下之楷模。（具备了这四种德行，又能够诚实守信、谦恭礼让，所以他的德名被传播到四方以外，直至布满于天地之间。）他能弘扬美德、以亲睦九族；（就是任用有德能的贤达之士，使上至高祖，下至玄孙的族人都和睦亲爱。）九族亲睦之后，又为百官赐授姓氏、区别宗族。（百姓，即百官。）这一百个官位都用来让那些贤明之士得到任用，从而使四方各国协调和顺，黎民随之也变得友好和睦。（时，如此的意思。雍，和的意思。这是说天下百姓因为受到百官德行的感召自上而下地发生变化，所以民风民俗出现了十分和谐的局面。）

尧道在恕

【原文】河间献王曰：“尧存心于天下，加志于穷民，痛万姓之罹罪，忧众生之不遂也。有一民饥，则曰：‘此我饥之也。’有一民寒，则曰：‘此我寒之也。’一民有罪，则曰：‘此我陷之也。’仁昭而义立，德博而化广，故不赏而民劝，不罚而民治。先恕而后教，是尧道也。”（群书治要·说苑）

【译文】河间献王（刘德）说：“唐尧心怀天下，用心去周济贫民，痛心于百姓的苦难，忧心于众生不能顺利生长。有一人挨饿，他就说：‘这是我使他挨饿的。’有一人寒冷，他就说：‘这是我使他受冻的。’有人犯了罪，他就说：‘这都是我造成的。’他仁爱昭著而正义树立，施恩众多而教化深广。所以即使不加奖赏，百姓也会努力；不施刑罚，民众也会安定。先推己及人，然后施以教导，这是唐尧治理天下的方法！”

虞舜大孝

【原文】虞舜，名曰重华。父瞽叟顽，母嚚，弟象傲，皆欲杀舜。舜顺适不失子道，以孝闻。于是尧乃以二女妻舜，以观其内；使九男与处，以观其外。二女不敢以贵骄，九男皆益笃。舜耕历山，历山之人皆让畔；渔雷泽，雷泽上人皆让居；陶河滨，河滨器皆不苦窳〔窳，病也〕。一年而所居成聚，二年成邑，三年成都。于是尧乃试舜五典、百官，皆治；以揆百事，莫不时序。流四凶族，以御螭魅。尧乃使舜摄行天子政，尧崩，天下归舜。〔《帝王世纪》曰："舜立诽谤之木。论曰：孔子称古者三皇五帝，设防而不犯，故无陷刑之民。是以或结绳而治，或象画而化，自庖牺至于尧舜，神道设教，可谓至政，无所用刑矣。夫三载考绩，黜陟幽明，善无微不著，恶无隐不章，任自然以诛赏，委群心以就制，故能造御乎无为，运道于至和，百姓日用而不知，含德若自有者也。《诗》云：'上天之载，无声无臭。'其斯之谓乎？"〕（群书治要·史记）

【译文】虞舜名叫重华。他的父亲瞽叟凶暴，继母愚蠢顽固，弟弟象骄纵傲慢，他们都想杀舜。舜总是很恭顺，不背弃做儿子的道义，因为孝顺而闻名。于是，尧便把两个女儿嫁给舜，来观察他在家庭里的表现；派了他的九个儿子跟舜相处，来观察他在家庭外的表现。结果尧的两个女儿不敢凭身份的显贵而自高自大，派去的九个男子都更加诚实厚道。舜在历山耕种，历山的人都互让田地边界；在雷泽捕鱼，雷泽四周的人都互让居住的地方；在黄河边制作陶器，生产的陶器没有粗糙破损的。一年时间，舜住的地方便成了村庄，两年便成了集镇，三年便成了都市。于是尧便试用舜，让他推行五教，到各个部门去工作，舜都做得很好。让他总管百事，没有不顺利治理的。舜流放了四个凶恶的家族，强迫他们迁到四方遥远的边境，让他们去抵御远方的妖魔鬼怪。于是尧便叫舜代替他行使天子的政务，尧逝世后，天下都归顺于舜。〔《帝王世纪》中记载说："舜（在交通便利处）竖立了木牌，以便大家谏言。评论说：孔子说，古时的三皇五帝，虽然设立刑罚，但无人违反，所以没有因犯法而被判刑关押的百姓。他们有的是用结绳记事的方法来治理国家，有的造图腾文字来教化百姓。从庖牺（伏羲）到尧和舜，都以天地运行的神妙之理来教化管理人民，可以说是起到了很好的教化效果，以致不需要用刑律来管理国家了。舜三年考核一次绩效，黜退昏愚的官员，晋升贤明的官员，使善行不论大小都得到彰显，使恶行无论大小都无处隐藏，处处彰明，以其本来的样子来进行赏罚，凭借人民大众的意愿来管理，所以能够无为而治，运用天道达到非常和谐的境地，使老百姓身处其中却不自知，怀藏道德好像是自己本身具有的一样。《诗经》中说：上天承载的道义，没有声音没有味道。就是讲的这个意思啊。”〕

大禹治水

【原文】夏禹，名曰文命。当尧之时，洪水滔天。舜登用，乃命禹平水土。劳身焦思，居外十三年，过家门不敢入。薄衣食，致孝于鬼神；卑宫室，致费于沟洫。以开九州，通九道，陂九泽，度九山，行相地宜所有以贡。东渐于海，西被于流沙，朔南暨〔朔，北方也〕，声教讫于四海。于是帝锡禹玄圭，以告成功于天下。于是大平治，帝舜荐禹于天。舜崩，遂即天子位，国号曰夏后。十七世，帝履癸立，是为桀，不务德而武伤百姓，百姓弗堪。汤修德，诸侯皆归汤。汤遂伐桀，桀走鸣条〔南夷地名〕，遂放而死。（群书治要·史记）

【译文】夏禹名叫文命。尧在位时，洪水滔天。舜被提拔主事后，命禹平治水土。禹勤劳奔走，苦苦思索，在外治水十三年，经过自家门口都不曾进去看看。他节衣缩食，尽力孝敬鬼神；住在矮房子里，省出财力，用于挖沟排洪。终于开辟了九州的土地，疏通了九条河道，筑堤修治了九个大湖，测量了九大山系。禹仔细观察各地情况，按每个地方土地所宜生产之物来设定向中央交纳贡赋。东方临近大海，西方伸展到流沙河，向北向南都到达极远的地方，声誉教化播及四海。于是帝舜赐给他黑色的玉圭，向天下宣告治水成功。天下当时治理得非常好，帝舜向上天推荐禹做继承人。舜帝逝世后，禹遂登天子位，国号为夏后。传到十七世，履癸帝登位，就是夏桀。桀即位后不修德行，却以武力伤害百姓，百姓难以忍受。商汤推行德政，诸侯都归附汤。汤于是率兵攻打桀，桀逃到鸣条，终于被流放而死。

禹王泣罪

【原文】禹出见罪人，下车问而泣之。左右曰："罪人不顺道使然，君王何为痛之至于此也？"禹曰："尧舜之民，皆以尧舜之心为心。今寡人为君也，百姓各自以其心为心，是以痛之也。"（群书治要·说苑）

【译文】大禹出巡遇见一个犯罪的人，便下车询问并为他哭泣。左右的人说："那罪人因为不走正路，所以会这样。君王你为什么要为他伤痛成这个样子呢？"大禹说："尧、舜时候的人民，都以尧、舜仁爱之心为己心。现在我作为君王，百姓却各以自己的私心为己心，因此，我感到痛心。"

商汤撤网

【原文】汤始居亳，征诸侯〔为夏方伯，得专征伐〕。葛伯不祀，汤始伐之。汤曰："予有言：人视水视形，视民知治不。"伊尹曰："明哉言！能听，道乃进。君国子民，为善者在王官。勉哉，勉哉！”汤出见野张网四面，祝曰：“自天下四方，皆入吾网。”汤曰：“嘻，尽之矣！”乃去其三面，祝曰：“欲左，左；欲右，右；不用命，乃入吾网。”诸侯闻之，曰：“汤德至矣，及禽兽。”当是时，夏桀为虐政淫荒，汤乃伐桀，践天子位。（群书治要·史记）

【译文】成汤当初居住在亳城，征伐各诸侯国。葛伯不祭祀天地祖先，汤于是讨伐他。汤说：“我曾经说过：‘人们看水便可见到自己的形象，看民众的情况便可知道国家是否安定。’”伊尹说：“英明啊！能听从此言，道德便能长进。要治好国家，管好百姓，就得让有才能的人各在其位。努力吧！努力吧！”汤出外，看见野外有人四面张着罗网，并祈祷说：“从天下四方来的禽兽，都进入我的罗网。”汤说：“嘿，一网打尽了啊！”于是让人撤去三面之网，并命他祈祷说：“想往左的，就往左；想往右的，就往右；不听命令的，才进入我的罗网。”诸侯听到这件事，说：“汤的恩德达到顶点了，竟能惠及禽兽。”当时，夏桀推行暴政，荒淫无道，汤于是讨伐夏桀，登上天子的尊位。

文王孝父

【原文】文王之为世子，朝于王季日三。鸡初鸣而起，衣服至于寝门外，问内竖之御者曰：“今日安否何如〔内竖，小臣之属，掌外内之通令者。御，如今小吏直日也〕？”内竖曰“安”，文王乃喜。及日中又至，亦如之。及暮又至，亦如之。其有不安节，则内竖以告文王，文王色忧，行不能正履〔节，谓居处故事也。履，蹈地也〕。王季复膳，然后亦复初。食上，必在视寒暖之节〔在，察也〕；食下，问所膳〔膳，所食也〕，然后退。武王帅而行之〔帅，循也〕。文王有疾，武王不脱冠带而养〔言常在侧〕；文王壹饭，亦壹饭；

文王再饭，亦再饭〔欲知气力箴药所胜〕。（群书治要·礼记）

【译文】文王做世子（周代时，天子、诸侯的嫡子称“世子”）的时候，每天三次探视他的父亲王季。每天早晨雄鸡刚叫就起来穿衣，走到他父亲的寝门外面，问内宫值班的小臣说：“今天父王睡得怎么样？”内宫小臣说“睡得安稳”，文王便很高兴。到了中午，他又来探视一次，也像这样问一遍。到傍晚时，他又来探视，照样问一遍。如果父亲有点不舒服，那么内宫小臣就把情况报告给文王，文王就会脸色忧愁，走路都失去了正常步伐。父亲王季饮食增多之后，文王才恢复如常。饮食送上的时候，文王一定在旁边察看冷热的程度；吃完饭后，文王还要问饭菜是否可口，然后才离开。武王遵循文王的孝行，文王有病时，武王就不脱冠带，日夜侍候在旁。文王能吃一口饭，武王也吃一口饭；文王能吃两口，武王也吃两口。

文王之囿

【原文】齐宣王问曰：“文王之囿，方七十里，有诸？”孟子曰：“有之。”曰：“若是其大乎？”〔王怪其大〕曰：“民犹以为小也。”曰：“寡人之囿，方四十里（原有耳字），民犹以为大，何也？”曰：“文王之囿，方七十里，刍荛者往焉，雉菟者往焉。与民同之，民以为小，不亦宜乎？臣闻郊关之内，有囿方四十里，杀其麋鹿者如杀人之罪〔郊关，齐四境之郊皆有关也〕，则是方四十里为阱于国中也。民以为大，不亦宜乎？”〔设陷阱者，丈尺之间耳，今陷阱乃方四十里，民患其大，不亦宜乎。〕（群书治要·孟子）

【译文】齐宣王问孟子：“听说周文王拥有一处七十里见方的捕

猎场，真有此事吗？”孟子答道：“史书上确有记载。”宣王说：“这是否太大了呀？”孟子说：“百姓还认为它太小呢！”宣王反问道：“我的捕猎场才四十里见方，可百姓还觉得太大，这是为何呢？”孟子说：“周文王的捕猎场七十里见方，人们割草砍柴随便出入，捕禽猎兽亦随便出入，这是与民共享的猎场。百姓认为它小，难道不合乎情理吗？据我所知，在贵国国都的郊外，有一个方四十里的猎场，在那里如果有谁杀死猎场里的麋鹿，就照杀人之罪来判处。那么这方四十里的捕猎场，简直成了国家设置的坑害老百姓的陷阱。百姓认为它太大，难道不是合乎情理吗？”

文王寝疾

【原文】周文王立国八年，寝疾五日，而地动东西南北，不出周郊。百吏皆请曰：“臣闻地之动也，为人主也。今王寝疾，请移之。”文王曰：“若何其移之也？”对曰：“兴事动众，以增国城，其可以移之乎！”文王曰：“天之见妖，以罚有罪也。我必有罪，故天以此罚我也。今兴事动众，以增国城，是重吾罪也。不可〔重，犹益也。移咎征于他人，是益吾咎〕。昌也请改行重善以移之，其可以免乎！”于是谨其礼秩、皮革，以交诸侯；饬（饬原作饰）其辞令、币帛，以礼豪士。无几何，疾乃止〔止，除〕。立国五十一年而终。（群书治要·吕氏春秋）

【译文】周文王建国第八年，卧病五日时，发生地震，震动范围未超出国都四郊。百官都请求说：“我们听说，地震的发生都是因为人主的缘故。现在大王已卧病在床，请设法将灾祸转移至别处。”文王说：“怎样使其转移呢？”回答说：“动用民众，大兴土木工程，来加高国都的城墙，大概可以转移灾病吧！”文王说：

“上天显现不正常状况，是用以处罚有罪的人。我肯定是有罪过，所以上天用地震来罚我。现在如果兴师动众来加高国都的城墙，这正是加重我的罪过啊！不可以这样办。请允许我改用多做善事来转移它，这样可以免除我的灾病了吧！”于是，文王严格控制礼仪、官俸开支和皮革制品的使用，以其节余开支来结交诸侯；谨慎其辞令，备好币帛，用以礼遇卓越人才。不久，文王的病就好了。他在建国五十一年时才去世。

文王结系

【原文】文王伐崇，至黄凤墟，而袜系解，左右顾无可令结系，文王自结之。太公曰：“君何为自结系？”文王曰：“吾闻上君之所与处者，尽其师也；中君之所与处者，尽其友也；下君之所与处者，尽其使也。今寡人虽不肖，所与处者，皆先君之人也，故无可令结之者也。”（群书治要·韩子）

【译文】周文王讨伐崇国，行至黄凤故城，袜带散开了，环顾左右，没有可以令其为自己系袜带的人，文王便自己把袜带系上。太公望说：“君主您为什么自己系袜带？”文王说：“我听说上等的君主对于与其相处者，都看作是自己的老师；中等的君主对于与其相处者，都看作是自己的朋友；下等的君主对与其相处者，都看作是供自己役使的人。现在我虽然不贤，（但我知道）与我相处的都是先君的旧臣，所以没有可以令其为自己系袜带的人。”

泽及朽骨

【原文】周文王作灵台，及为池沼，掘地得死人之骨，吏以闻于文王。

文王曰："更葬之。"吏曰："此无主矣。"文王曰："有天下者，天下之主也；有一国者，一国之主也。寡人固其主，又安求主。"遂令吏以衣棺更葬之。天下闻之，皆曰："文王贤矣，泽及朽骨，又况于人乎？"或得宝以危国，文王得朽骨以喻其意，而天下归心焉。（群书治要·新序）

【译文】周文王建造灵台，到修建池沼的时候，挖地挖出了死人骨头，管理工地的官员把这事报告给文王。文王说："给他改葬。"官员说："那是无主的尸骨。"文王说："拥有天下的人，就是天下的主人；拥有一国的人，就是一国的主人。寡人本来就是他的主人，你还到哪儿去找他的主人？"于是叫那位官员备办寿衣棺木给他改葬。天下的人听到这件事，都说："文王真是贤君啊，连朽骨都受到他的恩泽，又何况是活生生的人呢！"有人得到珍宝但给国家带来灾难，文王得到枯骨，却以此表明他仁爱的诚心，因此天下人心归向啊！

周公吐哺

【原文】周公旦者，周武王弟也，封于鲁。成王使其子伯禽代就封于鲁，周公戒伯禽曰："我文王之子、武王之弟、成王之叔父，我于天下，亦不贱也。然我一沐三捉发，一饭三吐哺，起以待士，犹恐失天下之贤人。子之鲁，慎无以国骄人。"（群书治要·史记）

【译文】周公姬旦是周武王的弟弟，封地在鲁。成王让周公的儿子伯禽代替周公到鲁国去做鲁公，周公告诫伯禽说："我是文王的儿子、武王的弟弟、成王的叔父，我在天下地位也不低了。然而我曾洗一次头就三次暂停握住头发，吃一顿饭就三次吐出口中的食物，起身去接待士人，（即使如此）还担心失去天下的贤人。你到了鲁国，千万不要因国君的身份慢待别人。”

贤君第二

穆公薄己

【原文】邹穆公食不众味，衣不杂采，自刻以广民，亲贤以定国，亲民犹子，臣下顺从，若手之投心也。故以邹之细，鲁卫不敢轻，齐楚不能胁。穆公死，邹之百姓，若失慈父，四境之邻于邹者，士民向方而道哭，琴瑟无音，期年而后始复。故爱出者爱反，福往者福来。（群书治要·贾子）

【译文】邹穆公饮食从不讲求多样，穿衣从不讲究多彩，对自己非常刻薄，但对百姓非常宽厚，亲近贤良以稳定国家，关心百姓就像对待子女一样，因此臣民顺从邹穆公就好比手臂服从心的指挥一样。所以邹国虽然弱小，鲁国、卫国不敢轻视，齐国、楚国不能威胁。邹穆公死后，邹国的老百姓就好像丧失了慈父一样；邻近邹国边界的人们，不管是士人还是民众，都朝着邹国方向表达自己的哀思；民间连琴瑟的声音都停止了，直到一年之后才开始恢复。所以爱护人民的人，人民也爱护他；给众人带来福祉的人，也一定会有福。

穆公以粃

【原文】邹穆公有令，食凫雁者必以粃，无以粟。于是仓粃尽，而求易于民，二石粟而得一石粃。吏以为费，请以粟食之。穆公曰：“去！非汝所知也。夫百姓暴背而耕，勤而不敢惰者，岂为鸟兽也哉！米粟，人之上食也，奈何其以养鸟？且汝知小计（计原作利），而不知大会也。周谚曰：‘囊漏贮中。’汝独不闻耶？夫君者，人之父母也，取仓之粟，移之于民，此非吾粟耶？鸟食邹之粃，不害邹之粟而已。粟之在仓与在民，于我何择耶？”民闻之，皆知其私积之与公家为一体也。此之谓知富国矣。（群书治要·新序）

【译文】邹穆公下了命令，饲养野鸭和大雁只能用瘪谷，不许用小米。因而粮库里的瘪谷吃光了，便到民间去换，两石小米才换来一石瘪谷。主管的官吏认为耗费多，不划算，建议用小米来饲养。穆公说：“你照我的吩咐去做吧！这不是你所能理解的。老百姓光着脊背来耕田，辛勤劳作不敢懈怠，难道是为了禽兽吗？小米，这是人的上等食物，怎么能用它来养鸟？而且，你只知道算小账，而不懂得算总账。周人有谚语说：‘口袋漏出的东西落在另一贮存之处。’你难道没听说过吗？君主是百姓之父母，把国家仓库里的小米，转到老百姓手里，这就不是我的小米了吗？让鸟吃邹国的瘪谷，是为了不损失邹国的小米罢了！不论小米在国家仓库里还是在老百姓手里，对我来说有什么区别呢？”百姓听邹穆公这样说，都懂得了个人的储粮和公家的积存利益是一致的。这就叫作懂得使国家富裕的道理。

庄王先醒

【原文】昔楚庄王与晋人战，大克，归过申侯之邑，申侯进饭，日中而王不食，申侯请罪。王喟然叹曰：“非子之罪也。吾闻之曰：‘其君贤君也，而又有师者，王；其君中君也，而有师者，霸；其君下君也，而群臣又莫若者，亡。’今我下君也，而群臣又莫若也。吾闻之，世不绝贤。天下有贤，而我独不得，若吾生者，何以食为？”故庄王战服大国，义从诸侯，思得贤佐，日中忘饭，可谓明君矣。此之谓先寤所以存亡，此先醒者也。（群书治要·贾子）

【译文】从前楚庄王和晋国人打仗，取得了很大的胜利，返回的路上经过申侯封邑，申侯给庄王送上饭菜，直到中午，庄王仍然未吃。申侯上前请罪，庄王感叹说："这不是你的罪过。我听人说，一个君主如果是贤君，且有好老师指导，就可以称王；如果君主德才属于中等，且有好老师指导，就能称霸；如果君主德才属于下等，而且群臣还不及他，就会灭亡。如今我是个下等的君主，群臣又不及我。我听说，每个朝代都会有贤能人才。天下有贤才，而我却偏偏得不到。像我这样的人，还吃什么饭呢？"所以说，庄王战胜了大国，以其信义使诸侯顺从，却因为整天思考怎样才能得到贤能人才辅佐，中午竟然忘记了吃饭，这可以说是明智的君主。这就是所谓的事先懂得存亡之理，此即"先醒的人"。

君贤臣刻

【原文】赵简子曰："厥也爱我，铎也不我爱也〔厥，简子家臣也；铎，尹铎，亦家臣〕。厥之谏我也，必（旧无必字，补之）于无人之所；铎之谏我也，喜质我于人中〔质，正〕，必使我丑。"尹铎对曰："厥也，爱君之丑〔爱，惜〕，而不爱君之过也；铎也，爱君之过，而不爱君之丑也。"不质君于人中，恐君之不变也〔变，改〕。此简子之贤也。人主贤，则人臣之言刻〔刻，尽〕。人主执民之命。执民之命，重任也，不得以快志。（群书治要·吕氏春秋）

【译文】赵简子说："赵厥爱我，尹铎不爱我。赵厥劝谏我，必会在没有人的地方；尹铎劝谏我，喜欢在众人面前指正我，必然会使我羞耻。"尹铎回答说："赵厥顾惜您的羞耻，而不顾惜您的过错；尹铎我顾惜您的过错，而不顾惜您的羞耻。"不在众人面前指正赵简子，是怕赵简子不能改正啊！这就是赵简子贤明的原因。君主贤明，臣子才会将自己的意见和盘托出。君主掌握着万民的命运。掌握万民的命运是一项重任，不能只图舒心快意。

简子沈徼

【原文】赵简子沈栾徼于河，曰："吾尝好声色矣，而栾徼致之；吾尝好宫室台榭矣，而栾徼为之；吾尝好良马善御矣，而栾徼来之。今吾好士六年矣，而栾徼未尝进一人，是长吾过而绌吾善也〔所得者皆过也，所不进乃善，故曰长吾过而绌吾善也〕。"故若简子者，能以理督责于其臣矣。以理督责于其臣，则人主可与为善，而不可与为非；可与为直，而不可与为枉。此三代之盛教也。（群书治要·吕氏春秋）

【译文】赵简子把栾徼沉入黄河，说："我曾经喜欢音乐女色，栾徼就把她们送来；我曾经喜欢宫殿台榭，栾徼就把它们造好；我曾经喜欢良马和好驭手，栾徼就把他们都招来。现在我喜欢贤士已六年了，但栾徼却不曾举荐一个人。这是助长我的过失而削弱我的优点啊。"所以，像赵简子这样的人，是能够用义理来督察责罚自己的臣子的。用义理来督责臣子，那么君主就可以与他们一起做好事，而不可能与他们一起做坏事；可以与他们一起做正直的事，而不可能与他们一起做邪曲的事。这就是夏、商、周三代最好的教化啊。

文侯期猎

【原文】魏文侯与虞人期猎，明日会疾风，左右止，文侯不听，曰："可以疾风之故而失信？吾不为也。"遂自驱车往，犯风而罢虞人。（群书治要·韩子）

【译文】魏文侯与虞人（即管理山泽的官员）约定时间去打猎，到这一天却碰上刮大风，文侯左右的人劝他不要去了，他不听，说："能因忧惧大风之故而失信吗？我不能这样做。"于是亲自驱车前往，顶着大风去告知虞人停止打猎。

惠王食蛭

【原文】楚惠王食寒菹而得蛭，因遂吞之，腹有疾而不能食。令尹入问曰："王安得此疾也？"王曰："我食寒菹而得蛭，念谴之而不行其罪，是法废而威不立也；谴而行其诛，则庖宰（庖宰原作脆尝）监食者，法皆当死，心又不忍也。故吾恐蛭之见也，因遂吞之。"令尹避席再拜而贺曰："臣闻天道无亲，唯德是辅。王有仁德，天之所奉也，病不为伤。"是昔也，惠王之后而蛭出，心腹之积皆愈。（群书治要·贾子）

【译文】楚惠王吃凉菜时发现菜中有水蛭，于是便吞下了它，因此肚内有病不能进食。令尹入宫询问说："大王是怎么得此病的呢？"楚惠王答道："我吃冷菜见到水蛭，于是考虑，如果给予责备而不治其罪，法令就会废弃，且威严就不能建立；若加以责备并予以惩处，那么庖厨和监食的人，依法都得处死，我于心又有所不忍。所以我见到水蛭以后，就吞吃了它。"令尹离开座席，拜了两次，庆贺说："为臣听说天道非常公正，没有亲疏之分，只帮助有道德的人。大王有仁德，是上天所愿帮助的，此病不能伤害大王。"当晚，水蛭随着惠王大便泻出，惠王的心、腹之病都好了。

昭公后醒

【原文】昔宋昭公出亡至乎境，喟然叹曰："呜呼，吾知所以亡失矣。被服而立，侍御者数百人，无不曰吾君圣者，内外不闻吾过，吾是以至此，吾困宜矣。"于是革心易行，昼学道而昔讲之，二年而美闻。宋人迎而复之，卒为贤君，谥为昭公。既亡矣，而乃寤所以存亡，此后醒者也。（群书治要·贾子）

【译文】从前宋昭公逃亡国外，到达边境时，感叹说："唉，我知道我为什么被迫逃亡了。自我受命称王后，专门服侍我的就有几百人，所有的人都把我恭维成圣明君主，在朝廷内外都听不到我的过错，我落到今天这地步正是这个原因。我受点困厄是应该的。"宋昭公从此从内心深处反省自己的言行，白天学习道理，晚上就进行讲解，两年后，好的名声传了出去，宋国人迎接他回去并且恢复君位，终于成为一个贤良的君主，死后被追称为昭公。宋昭公被迫逃亡了，才明白自己存亡的原因，这就是"后醒的人"。

赵氏其昌

【原文】赵襄子使攻翟而胜之，襄子方将食而有忧色。左右曰："一朝而两城下，此人之所（喜上旧有以字，去之）喜也。今君有忧色，何也？"襄子曰："江河之大也，不过三日〔三日而减〕；飘风暴雨，日中不须臾〔言其不能终日〕。今赵氏之德行无积，一朝而两城下，亡其及我乎？"孔子闻之曰："赵氏其昌乎！"夫忧所以为昌也，而喜所以为亡也；胜非其难者也，持之其难者也。贤主以此持胜，故其福及后世。齐、楚、吴、越皆尝胜矣，然而卒取亡焉，不通

乎持胜也。唯有道之主能持胜。（群书治要·淮南子）

【译文】赵襄子指挥军队攻打翟国大获全胜，赵襄子正要吃饭却面露忧色。他身边的人不解地问他："一天就攻下了两座城池，这个消息谁听了都高兴。现在您却面露忧色，这是为什么呀？"赵襄子说："江河发大水，不过三天便会退去；飓风暴雨，在一天中不过是一会儿的事。如今我们赵家的德行没有积累多少，又一天攻下两城，恐怕衰亡也就会接踵而至了吧！"孔子听到后说："赵氏会昌盛的。"胜而有所忧，国家反而能昌盛；有小胜便沾沾自喜，很容易导致衰亡。打胜仗并不难，但要保持胜利成果却不易。贤明的君主靠这个认识来保持胜利成果，因此他给民众带来的幸福将泽及子孙。齐、楚、吴、越四国都曾战胜过诸侯国，然而最终都衰亡了，这是因为他们不懂得保持胜利果实的道理。只有有道德的君主才能保持胜利成果。

光武烧书

【原文】世祖光武皇帝，讳秀，字文叔，南阳人，高祖九世孙也。更始元年，遣世祖行大司马事，北渡河，镇慰州郡。进至邯郸，故赵缪王子林，以卜者王郎为天子，都邯郸。二年，进围邯郸，拔其城，诛王郎，收文书，得吏民与郎交关谤毁者数千章。世祖为不省，会诸将烧之，曰："令反侧子自安。"（群书治要·后汉书）

【译文】世祖光武皇帝，名秀，字文叔，南阳人，是汉高祖第九代孙。更始元年，更始帝刘玄派遣刘秀负责大司马军务，北渡黄河，安抚各州郡。进军邯郸，原赵缪王之子刘林，立（假冒汉成帝之子的）从事占卜职业的王郎为天子，建都于邯郸。更始二年，刘秀进军包围邯郸，攻克该城，杀死王郎，收缴文书，得到吏民与王郎联络或诽谤自己的信件数千封。他没有查看，就集合众将把这些信件当众烧掉，说：“让那些怀有二心的人自安其心吧。”

暗主第三

商纣乱国

【原文】帝辛立，天下谓之纣。帝纣资辨捷疾，闻见甚敏；材力过人，手格猛兽。智足以拒谏，饰是非之端；矜人臣以声，以为皆出己之下。好酒淫乐，嬖于妇人。爱妲己〔有苏氏美女也〕，妲己之言是从。于是使师涓作新淫声，北里之舞，靡靡之乐。厚赋税，以实鹿台之钱〔鹿台，在朝歌城中也〕，而盈巨桥之粟〔巨桥，鹿水之大桥也，有漕粟〕。益收狗马奇物，充仞宫室。益广沙丘苑台〔沙丘，在巨鹿东北〕，多取野兽飞鸟置其中。慢于鬼神。以酒为池，悬肉为林，使男女裸，相逐其间，为长夜之饮。百姓怨望，而诸侯有叛者，于是纣乃重辟刑，有炮烙之法〔膏铜柱，加之炭上，令有罪者行焉，辄堕炭中，妲己笑，名曰炮烙之刑也〕。以西伯昌、九侯〔邺县有九侯城〕、鄂侯为三公。九侯有好女，入之纣。九侯女不憙淫，纣怒，杀之，而醢九侯。鄂侯争之强，并脯鄂侯。西伯昌闻之窃叹，纣囚西伯羑里〔河内汤阴有羑里城〕。西伯之臣闳夭之徒，求美女、奇物、善马以献纣，纣乃赦西伯。用费中为政。费中善谀、好利，殷人弗亲。又用恶来，善毁谗，诸侯以此益疏，多叛纣。微子数谏不听，乃遂去。比干强谏，纣怒，剖比干，观其心。箕子惧，乃佯（佯原作详）狂为奴，纣又囚之。周武王于是遂率诸侯伐纣，纣走，衣其宝玉衣，赴火而死。武王遂斩纣头，悬之白旗，杀妲己，殷民大悦。（群书治要·史记）

【译文】帝辛即位，天下称他为纣。纣天资聪明，口才好，办事敏捷，力气超过平常人，能空手与猛兽格斗。他的智慧足够用来拒绝臣下的劝告，他的言辞足够用来掩饰自己的错误。他向群臣夸耀才能，在天下抬高声威，认为别人都不如自己。他嗜好喝酒，沉迷于音乐，宠爱女人。他特别宠爱妲己，只听从妲己的话。他命令乐师涓创作新奇淫荡的音乐，他所好的无非是鄙俗的舞蹈、颓废的乐曲。他加重赋税，充实鹿台储存的钱币和钜桥储存的粮食。他多方搜集狗马和奇特的玩物，充塞宫室。他扩建沙丘的园林楼台，大量捕捉野兽飞鸟，放养其中。他对鬼神不尊敬。他叫人用酒灌满池子，将肉悬挂成林，命令男女赤身裸体在其中追逐戏耍，通夜狂欢。百官埋怨责备纣，有的诸侯甚至背叛了他。因此，纣王便加重刑罚，设置了一种名叫炮烙的酷刑。他命西伯昌、九侯、鄂侯担任三公。九侯有一个美丽的女儿，献给了纣。其女厌恶淫荡，纣王发怒，于是将其处死，并将九侯剁成肉酱。鄂侯来劝阻，态度强硬，争辩激烈，纣将其一并杀死，做成肉干。西伯侯姬昌听到此事，私下叹气，纣便将其关押于羑里。西伯侯的臣子闳夭等人，找到一些美丽的女子、奇异的物品、善跑的良马，拿去献给纣，纣王才赦免了西伯侯。于是，纣王任用费仲管理国家政事。费仲善于奉承，贪图财利，殷人不喜欢他。纣又重用恶来。恶来善于毁谤人，善于进谗言，诸侯因此更加疏远了。微子屡次劝诫纣，纣都不听从，微子便离开了他。比干尽力劝谏纣王，纣王发怒，剖开比干的胸膛，取出他的心脏来观看。箕子害怕，假装癫狂，扮成奴隶，纣王又将其关押起来。因此，周武王就率领诸侯讨伐纣王。纣王败走，穿上他的宝玉衣服，投火自焚而死。周武王便砍下纣的头，悬挂在太白旗上，并杀了妲己。殷国的百姓很高兴。

厉王好利

【原文】厉王即位，好利，近荣夷公。芮良夫谏曰：“王室其将卑乎？夫荣公好专利，而不知大难。夫利，百物之所生也，天地之所载也，而有专之，其害多矣。天地百物皆将取焉，何可专也？所怒甚多，而不备大难，以是教王，王其能久乎？夫王人者，将导利而布之上下者也。使神人百物无不得极〔极，中也〕，犹日怵惕，惧怨之来。今王学专利，其可乎？匹夫专利，犹谓之盗，王而行之，其归鲜矣。荣公若（若原作有）用，周必败。"王不听，卒以荣公为卿士，用事。王行暴虐侈傲，国人谤王。召公谏〔召穆公也〕曰："民不堪命矣！"王怒，得卫巫〔卫国之巫〕，使监谤者，以告则杀之。其谤鲜矣，诸侯不朝。王益严，国人莫敢言，道路以目〔以目相眄而已〕。王喜，告召公曰："吾能弭谤矣，乃不敢言。"召公曰："是障之也。防民之口，甚于防水。水壅而溃，伤人必多，民亦如之。是故为水者，决之使导；为民者，宣之使言。故民之有口，犹土之有山川也，财用于是乎出；犹其有原隰衍沃也，衣食于是乎生。口之宣言也，善败于是乎兴。夫民虑之心，而宣之口，成而行之。若壅其口，其与能几何？"王不听，于是国莫敢出言。三年，乃相与叛，袭王，王出奔于彘。

宣王即位，修政，法文、武、成、康遗风，诸侯复宗周。（群书治要·史记）

【**译文**】厉王登位，贪图财利，亲近荣夷公。大夫芮良夫劝谏厉王说："王室大概要衰微了吧！荣夷公喜欢独占财利而不知道会有大祸。财利，是由众多物类产生的，是大自然所赐予的，如果有人独占了它，其祸患必然会很多。天地间的物类众人都打算取得一份，怎么能独占呢？独占财利，就必然要招来很多怨怒，而又不知防备大祸，用这样的思想行为来引导君王，君王怎么能够长久安宁呢？作为一个君王，应奖励生产、开发地力，公平地分配给上上下下的人，使天神、人民和万事万物无不各得其分，即便如此，还要每天警惕，怕招来怨恨。现在您却要独占财利，这能行吗？

普通人独占财利，还被称为强盗。您如果干这样的事，归附您的人就会很少了。荣夷公若被重用，周朝必定会衰败。”厉王不听，还是用荣夷公为卿士，让他主管国事。厉王施行暴虐的统治，奢侈骄傲，国都的民众都议论他的过失。召公劝诫说：“民众忍受不了您的政令了！”厉王很恼怒，就找到一个卫国来的巫师，叫他去监视那些指责自己的人，只要巫师来报告，便杀掉其人。于是，议论朝政的人少了，诸侯也不来朝见了。厉王更加严厉，国都的民众没人敢说话，路上相遇时，也只能互相用眼色示意。这下，厉王高兴了，告诉召公说：“我能消除非议了，民众都不敢乱说了。”召公说：“这不过是堵塞民口罢了。堵塞人民的嘴巴，比堵塞河流的后果还要严重。河水堵塞蓄积，一旦决口，受到伤害的人一定很多。堵住民众的口也是如此。所以，治水的人要疏通河道，使水流通畅；治理民众的人，要让他们发泄，让他们讲话。民众有嘴巴，正像大地有山河，人类的财富用度都从这里产出；又好像大地有高低干湿等各种类型的田土，人类的衣服食物都从这里产出。放手让民众讲话，政事的好坏得失都可以从这里反映出来。民众想在心里，说在嘴上，成熟的意见便予以推行。若是堵塞他们的嘴巴，那么支持您的能有几个人呢？”厉王不听，于是国内都没有人敢说话。三年之后，大家都串联起来反叛，袭击厉王。厉王逃跑到彘地。

宣王即位，整顿政事，效法文王、武王、成王、康王的遗风，诸侯重新归附周朝。

灵公不君

【原文】晋灵公不君〔失君道〕，厚敛以雕墙〔雕，画也〕，从台上弹人，而观其避丸也。宰夫胹熊蹯不熟，杀之，寘诸畚，使妇人载以过朝〔畚，筥属〕。赵盾、士季患之。将谏，士季曰：“谏而不入，则莫之继也。会请先，不入则子继之。”三进，及溜，而后视之〔士季，随会也。三进，三伏，公不省而又前也。公知欲谏，故佯不视〕，曰：“吾知所过矣，将改之。”稽首而对曰：“人谁无过？过而能改，善莫大焉。《诗》曰：‘靡不有初，鲜克有终。’夫如是，则能补过者鲜矣。君能有终，则社稷之固也，岂唯群臣赖之。”犹不改。宣子骤谏，公患之，使鉏麑贼之〔鉏麑，力士〕。晨往，寝门辟矣，盛服将朝，尚早，坐而假寐〔不解衣冠而睡〕。麑退，叹而言曰：“不忘恭敬，民之主也。贼民之主，不忠；弃君之命，不信。有一于此，不如死。”触槐而死〔槐，赵盾庭树〕。晋侯饮赵盾酒，伏甲将攻之。其右提弥明知之〔右，车右〕，趋登曰：“臣侍宴，过三爵，非礼。”遂扶以下。公嗾夫獒焉，明搏而杀之〔獒，猛犬也〕。盾曰：“弃人用犬，虽猛何为〔责公不养士，而更以犬为己用也〕！”斗且出。（群书治要·春秋左氏传）

【译文】晋灵公丧失为君之道，向百姓横征暴敛，把宫殿建筑得雕梁画栋，又经常从高台上用弹弓射人，以观看人们躲避弹丸来取乐。有一次，他的御厨没有把熊掌炖烂，他就立刻把厨师杀掉，把尸体剁成肉块放在簸箕中，然后叫宫女端着这些肉块从朝堂上走过。晋国大臣赵盾、士季为晋灵公这样残忍无道而忧虑。于是，二位大臣就准备谏诤。士季说：“我和你一同去谏诤，假如君主不接受的话，就没有人再继续进谏了。让我先进去谏诤，他若不采纳，那你再继续劝谏。”士季进去朝见，跪进三次，（晋灵公都装做没有看见，）一直跪进到房檐滴水处，灵公知道无法回避才敷衍他。灵公说：“我已经知道自己所犯的过错了，打算改正这些错误。”士季赶紧磕头回答说：“人谁没有错？错了能知道改正，那就是再好不过的事了。《诗经》说：‘凡事无不有其初始，但很少人能坚持至终。'果如此说，则能改正过错者极少呀！您若能改正错误并持之以终，那么，国家就可以巩固了，岂止是群臣有所依靠呢？"但晋灵公仍不改过。由于赵宣子屡次谏诤，以致灵公很讨厌他，于是就派大力士鉏麑去暗杀他。第二天凌晨，（鉏麑潜入赵府）看见卧室的门已经开了。赵盾已把朝服穿得整整齐齐准备上朝，只因时间还早，就坐在那里闭目养神。这时鉏麑就退回几步，叹口气说："他在家里还不忘恭敬国君，真是晋国百姓的好主管。我若杀死百姓的好主管，就是不忠；若违背国君的命令，就是不信。在'不忠''不信'中占一条，都不如死了好。"鉏麑说完这话，就一头撞死在赵盾庭院中的槐树上。（同年秋天的九月）晋灵公设宴请赵盾喝酒，暗中却埋伏甲兵，打算杀害赵盾。所幸赵盾的车右提弥明察觉了这件事，于是就快步跑到朝堂上说："臣子陪君主饮宴，酒过三杯还不告退就算失礼。"于是提弥明就立即扶着赵盾走出宫殿。晋灵公就放出一只猛犬来咬他们，提弥明徒手同猛犬进行搏斗，并把它打死。赵盾说："废弃忠臣豢养恶犬，恶犬虽然凶猛，有什么用！"提弥明保护着赵盾，一边和朝中的甲士搏斗，一边往出跑。

庄公失国

【原文】鲁庄公一年之中，以三时兴筑作之役，规虞山林草泽之利，与民争田渔薪采之饶；刻桷丹楹，眩曜靡丽，收民十二之税，不足以供邪曲之欲；缮不用之（用之原作足）好，以快妇人之目；财尽于骄淫，力疲于不急；上困于用，下饥于食。于是为齐、卫、陈、宋所伐。贤臣出，邪臣乱，子般杀，鲁国危也。故为威不强还自亡，立法不明还自伤，庄公之谓也。（群书治要·新语）

【译文】鲁庄公在一年之中，用三个季节大搞土木工程。他规定了山川林木、草地湖泊的利税，与老百姓争夺耕种捕鱼、打柴采果的资源；雕梁画栋，极尽华丽；征收十分之二的高税赋，还不能满足他的不当需求；修缮毫无用处的玩好来愉悦妃子们的眼目；国家资财穷竭在骄奢淫逸之中，国家力量消耗于不急之务；国家困于财用，百姓衣食窘迫。所以被齐、卫、陈、宋等国所讨伐。有才有德的人浪迹天涯，无才无德的人混乱宫廷，庄公的儿子子般被杀，鲁国遇到了危险。所以想树立威望而国家并没有强盛，反而让自己走向灭亡，设立法令而国家还没有清明，反而使自己受到伤害，说的就是鲁庄公这样的人啊！

虢君不醒

【原文】昔者虢君骄恣自伐，谄谀亲贵，谏臣诛逐，政治踳乱，国人不服。晋师伐之，虢君出走，至于泽中曰："吾渴而欲饮。"其御乃进清酒。曰："吾饥而欲食。"御进腶脯粱糗。虢君喜曰："何给也？"御曰："储之久矣！"曰："何故储之？"对曰："为君出亡而道饥渴也。"君曰："子知寡人之亡也？"对曰："知之。"曰："知之，何不以谏？"对曰："君好谄谀而恶至言，臣愿谏，恐先亡！"虢君作色而怒。御谢曰："臣之言过也。"君曰："吾所以亡者，诚何也？"其御曰："君不知也，君之所亡者，以大贤也。"虢君曰："贤，人之所以存也，乃亡，何也？"对曰："天下之君皆不肖，疾君之独贤也，故亡。"虢君喜笑曰："嗟！贤故若是苦耶？"遂徒行而逃于山中。饥倦，枕御膝而卧，御以块自代而去。君遂饿死，为禽兽食。此已亡矣，犹不寤所以存亡，此不醒者也。（群书治要·贾子）

【译文】从前虢国的君主非常骄纵，自高自大，谄媚阿谀之人受到亲近重用，谏臣被诛杀或放逐，导致政治混乱，老百姓不服。晋国前来讨伐，虢君被迫出逃，走到沼泽地带，说："我渴了，想喝一点水。"驾车者送上清酒。又说："我饿了，想吃一点饭。"驾车者又送上加有姜桂的碎干肉和高粱制的干粮。虢君高兴地说："这是怎么来的？"驾车者回答："已经储藏很长时间了。"虢君问："为什么要储藏这些食品呢？"回答说："为了准备您出逃时路上饥饿用的。"虢君说："你难道知道我要逃亡吗？"回答说："我知道。"虢君问："你知道，为什么不谏诤呢？"回答说："您喜欢谄媚的，厌恶说真话的，我愿意规劝，就怕性命不保。"虢君脸色一变，立刻发怒。驾车者道歉说："我说的话确有点过头！"虢君问："我被迫逃亡，到底是什么原因呢？"驾车者说："您不知道，您之所以逃亡，是因为您太贤能。"虢君说："贤能，是人们生存的保障，我却被迫逃亡，是什么原因呢？"回答说："举天下的国君都无德无才，嫉恨您一人贤能，所以您只好逃亡。"虢君开心地说："哎！当个贤能的人，就要受这么大的苦难吗？"于是步行进入山中，又饥又困倦，便头枕驾车者的膝盖而睡去。驾车者用土块替代自己之膝，抽身离去了。虢君于是饥饿而死，被野兽吃掉了。这是已经逃亡了，仍然不明白存亡的原因，这就是不觉醒的例子。

吴王伐齐

【原文】吴王夫差兴兵伐齐，掘为渔沟，通于商、鲁之间，北属之沂，西属之济，欲以会晋。恐群臣之谏也，乃令于邦中曰："寡人伐齐，敢有谏者死。"太子友乃风谏，以发激吴王之心。以清朝时，怀丸挟弹，从后园而来，衣洽履濡。吴王怪而问之曰："何为如此也？"

友曰："游于后园，闻秋蝉之鸣，往而观之。夫秋蝉，登高树，饮清露，其鸣悲吟，自以为安，不知螳螂超枝缘条，申要举刃，搏（搏原作繧）其形也。夫螳螂，愈心而进（愈心而进原作愈心财进），志在利蝉，不知黄雀徘徊枝叶，欲啄之也。夫黄雀但知伺螳螂，不知臣飞丸之集其背也。但臣知虚心，念在黄雀，不知阱埳在于前，掩忽陷坠于深井也。"王曰："天下之愚莫过于斯。知贪前之利，不睹其后之患也。"对曰："天下之愚非但直于是也，复有甚者。"王曰："岂复有甚于是者乎？"友曰："夫鲁守文抱德，无欲于邻国，而齐伐之。齐徒知举兵伐鲁，不知吴悉境内之士、尽府库之财，暴师千里而攻之也。吴徒知逾境贪敌往伐齐，不知越王将选其死士，出三江之口，入五湖之中，屠灭吴国（旧无吴国之吴字，补之，下吴国同）也。臣窃观祸之端，天下之危，莫过于斯也。"王喟然而叹，默无所言，遂往伐齐，不用太子之谏。越王勾践闻吴王北伐，乃帅军溯江以袭吴，遂入吴国，焚其姑苏之台。（群书治要·吴越春秋）

【**译文**】吴王夫差兴兵伐齐，在宋、鲁两国之间暗暗地挖掘壕沟，北接沂水，西接济水，欲同晋国在黄池附近会合。他怕大臣们来劝阻，就传令于国内说："我要攻打齐国，谁若敢来劝阻，就处死。"太子友于是采用委婉含蓄的方式去劝谏，以求打动吴王之心。清晨，他带上弹丸，手握弹弓从后花园来到宫中，衣服鞋子都湿了。吴王觉得奇怪，问他说："你干什么去了，把衣服鞋子搞得湿淋淋的？"太子友说："刚才在后花园游玩，听见秋蝉的鸣叫声，就去观看。那秋蝉登上高高的树梢，喝着清滢的露水，其鸣叫的声音凄切如吟，自以为很安全，却不知螳螂越过树枝，沿着枝条，伸直细腰，高举前爪，形成捕捉秋蝉的态势。螳螂小心翼翼地向前爬，一心只在顺利地捕蝉，却不知道黄雀徘徊于枝叶之中，欲啄螳螂。那黄雀只知道伺机捕啄螳螂，不知道我将要射出的弹丸正瞄准其背脊。而我，只是一门心思都放在黄雀身上，却不知道坑穴就在身旁，稍不留神，忽然掉进深坑。”吴王说：“天下没有比这更愚蠢的了，只贪图眼前的利益，看不到身后的祸患。”太子友说：“天下愚蠢之事不是只有这些，还有比这更甚的。”吴王说：“还有比这更愚蠢的吗？”太子友说：“鲁国遵守先王法度，持守德行，对邻国没有什么欲望，但齐国却起兵攻打它。齐国只顾起兵攻打鲁国，不知道吴国尽数动用国内之兵，竭尽府库中的资财，军队不顾风吹日晒，奔行千里去攻打它。吴国只知道越过国境去攻打不属于自己的国土，不知道越国即将挑选敢死的勇士从三江口出发，进入太湖及附近四湖，来屠杀吴国民众，进而想灭掉吴国。我自己认为祸乱的开端、天下的危机，没有什么能超过这个了。”吴王长叹一声，沉默无语，但还是北上伐齐，不接受太子友的劝告。越王勾践听说吴王北伐齐国，就率领军队，沿江而上，袭击吴国，并进入吴国境内，烧掉吴国的姑苏台。

昭公失国

【原文】鲁昭公失国走齐，齐景公问焉，曰：“子之迁位新，奚道至于此乎？”昭公对曰：“吾少之时，人多爱我者，吾体不能亲；人多谏我者，吾志不能用。是以内无弼，外无辅，辅弼无一人，谄谀我者甚众。譬之犹秋蓬也，孤其根荄，密其枝叶，春气至偾以揭也。”景公以其言语晏子，曰：“使是人反其国，岂不为古之贤君乎？”晏子曰：“不然。夫愚者多悔，不肖者自贤；溺者不问隧，迷者不问路。譬之犹临难而遽铸兵，噎而遽掘井，虽速亦无及。”（群书治要·晏子）

【译文】鲁昭公丢失政权逃至齐国，齐景公问他说：“您登位还不久，为什么会弄到这种地步呢？”昭公说：“我年轻时，很多人都爱我，而我自己却不能亲近他们；很多人劝谏我，而我却没能采纳他们的建议。因此，朝廷内外都无人辅佐我。辅佐我的没有一个人，然而阿谀奉承我的人却很多。这就好比秋天的蓬草草根孤单，枝叶尚密，春风来到，就被吹倒了。”景公把鲁昭公的话告诉晏子，说：“假如让鲁昭公返回自己的国家，难道他不会成为像古代那样的贤明国君吗？”晏子答道：“不会是这样。愚蠢之人总爱后悔；不贤德者总认为自己贤德；被水淹死者多是不问水的深浅，迷失方向者多是因为不问路。这就好比面临外敌入侵的灾祸时才急急忙忙铸造兵器；吃饭噎着以后才急急忙忙去挖井，即使很快，也来不及了。”

一祝万诅

【原文】中行寅将亡，乃召其大祝，而欲加罪焉，曰：“子为我祝，牺牲不肥泽耶？且斋戒不敬耶？使国亡何也？”祝简对曰：“昔者吾先君中行穆子，皮车十乘，不忧其薄也，忧德义之不足也。今主君有革车百乘，不忧德义之薄，唯患车之不足也。夫船车饰则赋敛厚，赋敛厚则民怨谤诅矣。且君苟以为祝有益于国乎？则诅亦将为损世亡矣。一人祝之，一国诅之，一祝不胜万诅，国亡不亦宜乎？祝其何罪？”中行子乃惭。（群书治要·新序）

【译文】中行寅出逃前夕，就把他的大祝简召来，想加罪于他，说：“你为我祈祷的时候，所宰杀祭献的牲口不够肥美吧？而且斋戒的时候不敬肃吧？弄得我国家败亡，是为什么呢？”祝简答道：“从前我故去的君主中行穆子只有薄板车十辆，不为车子少发愁，发愁的是自己在道德仁义上还有欠缺。现在主君您有战车上百辆，不为自己的道德仁义欠缺发愁，只忧虑车子不够多、不够美。对船、车进行装饰就要加重税赋，税赋加重，老百姓就会怨恨、指责、诅咒了。况且就算您认为祈祷对国家有益吧，那么诅咒也将对国家造成损害，使天下衰败呀！一个人为它祈祷，全国都诅咒它，而一个人的祈祷抵不过万人的诅咒，国家衰亡不也是理所当然的吗？我这个大祝又有什么罪过呢？”中行寅这才感到惭愧。

始皇之叹

【原文】秦始皇帝既兼天下，侈靡奢泰。有方士韩客侯生、齐客卢生相与谋曰：“当今时，不可以居。上乐以刑杀为威，下畏罪持禄，莫敢尽忠。上不闻过而日骄，下慑服以慢欺而取容，谏者不用，而失道滋甚，吾党久居，且为所害。”乃亡去。始皇闻之，大怒曰：“吾闻诸生多为妖言，以乱黔首。”乃使御史悉上诸生。诸生四百余人，皆坑之。侯生后得，始皇召而见之。侯生曰：“陛下肯听臣一言乎？”始皇曰：“若欲何言？”侯生曰：“今陛下奢侈失本，淫佚趣末。宫室台阁，连属增累；珠玉重宝，积袭成山；妇女倡优，数巨万人；钟鼓之乐，流漫无穷；舆马文饰，所以自奉，丽靡烂漫，不可胜极。黔首匮竭，民力殚尽，尚不自知，又急诽谤，严威刻下，下喑上聋，臣等故去。臣等不惜臣之身，惜陛下国之亡耳。今陛下之淫，万丹朱而千昆吾、桀纣。臣恐陛下之十亡，曾不一存。”始皇默然久之，曰：“汝何不早言？”侯生曰：“陛下自贤自健，上侮五帝，下凌三王，弃素朴就末技，陛下亡征久见矣。臣等恐言之无益，而自为取死，故逃而不敢言。今臣以必死，故为陛下陈之。虽不能使陛下不亡，欲使陛下自知也。”始皇曰：“吾可以变乎？”侯生曰：“形（形原作刑）已成矣，陛下坐而待亡耳。

若陛下欲更之，能若尧与禹乎？不然，无冀也。”始皇喟然而叹，遂释不诛。（群书治要·说苑）

【译文】秦始皇兼并天下后，大肆奢侈淫靡。有方士韩人侯生、齐人卢生在一起商量说：“看当今的时势，不能在秦国住下去了。皇上喜欢用刑杀树立威严，臣下怕加罪而只图保持俸禄，没有人敢尽忠。皇上听不到自己的过失而一天比一天骄横，臣下畏惧屈从，以怠慢欺骗来讨好皇上。进谏之官不用，因而背离正道越来越严重。我们如果久住这里，将被皇上杀害，只有逃去。”于是二人就逃亡了。秦始皇听到后大怒，说：“我听说这帮儒生大多制造妖言，扰乱百姓的思想。”于是命令御史将儒生全部捉拿归案。诸儒生四百多人，统统被活埋了。后来抓住了侯生，秦始皇召见了他。侯生说：“陛下肯听我一句话吗？”秦始皇说：“你想要说什么？”侯生说：“现在陛下奢侈而丧失根本，淫逸而追求末事；宫室台阁，接连增修重建；珍珠美玉等贵重宝物，堆聚成山；侍姬歌伎舞女，人数多以万计；钟鼓之类的音乐，放纵不节而无休无止；车马的彩绘装饰，均各行其事，华丽奢靡，五彩缤纷，不可胜数其极。百姓资财困竭，民力已经用尽，自己还不知道，又以有人指责为紧急严重之事，用威严制服臣下，下层不敢讲话，上层不明事理，我们因此离去。我们不吝惜自己的性命，只惋惜陛下的国家将会灭亡。现在陛下这样没有节制，是丹朱的万倍，是昆吾、夏桀、商纣的千倍，我惊恐地认为陛下有十条败亡的理由，却没有一条生存的可能。”秦始皇沉默了很久，才开口道：“你为什么不早说呢？”侯生说：“陛下自认为贤明，自认为强盛；上对五帝轻慢，下对三皇不敬；抛弃朴素，追求末枝，陛下败亡的征兆已经出现很久了。我们怕说出来也没有用处，只有自寻死路，因而宁可逃走，不敢陈说。现在我认为自己必死无疑，所以向陛下陈述这些。虽然这些话不能使陛下不遭败亡，但愿能使陛下自己明白。”秦始皇说：“我还能改变局势吗？”侯生说：“形势已经造成，陛下只有坐等灭亡。如果陛下想改变这种形势，能像唐尧和夏禹那样吗？否则是没有希望的。”秦始皇长长地叹了一口气，终于放了侯生，没有杀他。

袁绍祸始

【原文】袁绍，字本初，汝南人也。领冀州牧，转为大将军。出长子谭为青州，沮授谏绍：“必为祸始。”绍不听。〔《九州春秋》载授谏辞曰：“世称一兔走，万人逐之，一人获之，贪者悉止，分定故也。且年均以贤，德均则卜，古之制也。愿上惟先代成败之戒，下思逐兔分定之义。”绍曰：“孤欲令四儿各据一州，以观其能。”授出曰：“祸其始此乎！”〕（群书治要·三国志）

【译文】袁绍，字本初，汝南人。任冀州牧，后转任大将军。袁绍安排长子袁谭出任青州刺史，沮授劝谏说：“你这样做必然引起祸乱。”袁绍不听劝告。（《九州春秋》记载了沮授劝谏袁绍的话：“世间讲一只兔子逃跑了，一万个人在追。其中有一个人捕获了兔子，其他人就都停下了，因为归属已经确定了。而且，选择用人时，年龄相仿者要挑选其中的贤士，德行相仿者要通过占卜来决定，这是古代的规矩。希望您能以前代成败的教训为戒，深思追逐兔子以定名分的涵义。”袁绍说：“我想让四个儿子各自统领一州，以此来考察他们的能力。”沮授从帐中出来后说：“灾祸就要从这里开始了。”）

孙晧昏暴

【原文】孙晧，字元宗，权孙也。休薨，迎立晧〔《江表传》曰：“晧初立，发忧诏，恤士民，开仓廪，振贫乏，料出宫女以配无妻，禽兽扰于苑者放之。当时翕然称为明主矣。”〕。晧既得志，粗暴骄盈，多忌讳，好酒色，大小失望。凤皇二年，晧爱妾或使人至市，劫夺百姓财物。司市中郎将陈声，素晧幸臣也，绳之以法。妾诉晧，晧大怒，假他事，烧锯断声头，投其身于四望之下。天玺元年，会稽太守车浚、湘东太守张泳不出算缗，就在所斩之，徇首诸郡〔《江表传》曰：浚在公清忠，值郡荒旱，民无资粮，表求振贷。晧谓浚欲树私恩，遣人枭首。又尚书熊睦，见晧酷虐，微有所谏，晧使人以刀环撞杀之，身无完肌〕。天纪三年，晋命杜预向江陵，王濬、唐彬浮江东下。初，晧每宴会群臣，无不咸令沉醉。置黄门郎十人，特不与酒，侍立终日，为司过之吏，宴罢之后，各奏其阙失，逆视之咎，谬言之愆，罔有不举。大者即加威刑，小者辄以为罪。后宫数千，而采择无已。又激水入宫，宫人有不合意者，辄杀流之。或剥人之面，或凿人之眼。岑昏险谀贵幸，致位九列。好兴工役，众所患苦。是以上下离心，莫为尽力，盖积恶已极，不复堪命故也。四年，濬、彬所至，则土崩瓦解。晧奉书于濬。濬受晧之降（旧无濬受晧之降五字，补之）。（群书治要·三国志）

【译文】孙晧，字元宗，是孙权的孙子。孙休去世后，孙晧被迎立为皇帝。（《江表传》说：孙晧即位时，发布忧国忧民的诏书，体恤士民，打开仓库赈济贫困的人，把宫中的宫女许配给无妻的男子，把关在皇苑里的禽兽也都放掉了。当时大家一致称赞他为明主。）孙晧得志之后，变得粗鲁凶暴，骄傲自满，多忌讳，好酒色，大小官员都深感失望。凤凰二年，孙皓的爱妾时常派人到集市里抢夺百姓的财物。司市中郎将陈声素来是孙皓的宠臣，（他仗恃孙皓的宠待）把孙皓爱妾派到集市去的人绳之以法。爱妾向孙皓哭诉，孙皓勃然大怒，借其他事由用烧红的锯齿切断陈声的头颅，把尸体抛到四望山下。天纪元年，会稽郡太守车浚、湘东郡太守张泳都交不出对成年人征收的人头税，孙皓派人将二人就地处决，把人头送到各郡示众（《江表传》说：车浚在任上清廉中正，郡里正值旱灾时，百姓缺乏物资和粮食，就上表请求赈灾。孙皓认为车浚要树立自己的威信，于是派人将他斩首。又有尚书熊睦，看不惯孙皓的残酷暴虐，稍微有所劝谏，孙皓就派人用刀环将他击杀，乃至死后体无完肤）。天纪三年，晋国命令镇南大将军杜预出兵江陵，王濬、唐彬沿长江乘船东下。当初，孙皓每次举行宴会招待群臣，都要让大家喝得大醉。他布置黄门郎十人，特地不让他们饮酒，整日侍立在宴会厅，专门充当监察在座官员过失的举报官。宴会结束之后，各自报告官员们的过错，就连目光直视君主的过失、说错话的问题，都无不举报。认为过错大的立即处死，过错小的也总是要治罪。孙皓的后宫有妻妾几千人，仍然还在民间不断挑选美女进宫。他又下令把河水引进皇宫，宫女有不合他意的，就杀死丢到河里冲走。有时他下令剥下人脸上的皮，有时又下令挖出人的眼睛。岑昏为人阴险阿谀而得到重用和宠信，位列九卿。他喜欢兴修各种工程，民众为此忧伤、痛苦。因此吴国上下离心离德，没有人愿意为孙皓尽力，都是因为罪恶积累到了极点，臣民们不再能忍受的缘故。天纪四年，晋国大将王濬、唐彬率军所到之处，吴军土崩瓦解。孙皓只好向王濬献上投降书，王濬接受孙皓的投降。

尊贤第四

沐捉食起

【原文】昔禹一沐而三捉发，一食而三起，以礼有道之士，通乎己之不足〔欲以闻所不闻、知所不知故也〕。通乎己之不足，则不与物争矣〔情欲之物不争〕。愉易平静以待之，使夫自以之〔以，用〕；因然而然之，使夫自言之。亡国之主反此，自贤而少人。少人，则说者持容而不极〔极，至〕，听者自多而不得〔自多，自贤〕。（群书治要·吕氏春秋）

【译文】过去，大禹洗一次头多次握起头发停洗，吃一顿饭多次（放下碗筷）站起身来，以礼恭迎有道之士，弄懂自己尚不明白的道理。弄懂自己尚不明白的道理，就不会与众人争辩了。他和悦平静地对待有才德的人，使他们按个人的想法办事；认为他们说得对的予以肯定，使他们无拘无束地发表议论。亡国之主与此相反，自认为贤明而轻视他人。轻视他人，那么进谏之人就会为保持官位以求安身而讨好君主，听的人自认为比人贤明，也就得不到收益。

周公礼贤

【原文】周公摄天子位七年，布衣之士，执贽而所师见者十人，所友见者十二人；穷巷白屋，所先见者四十九人，进善者百人，教士者千人，官朝者万人。当此之时，诚使周公骄而且吝，则天下贤士至者寡矣。苟有至者，则必（必原作心）贪而尸禄者也。尸禄之臣，不能存君也。（群书治要·说苑）

【译文】周公旦代天子执政七年，周公带着礼物以师礼求见未做官的读书人有十人；以朋友之礼求见者十二人；平民百姓中优先见到他的有四十九人；提拔优秀人才上百人；受到他教导的士人有上千人；在馆驿中接待前来朝见的有上万人。在这个时候，若是周公对人傲慢而且鄙吝，那么天下的贤士就很少有人来见他了。如果有来见的人，那就一定是贪财而且当官不做事、白拿俸禄的人。当官不做事白拿俸禄的臣子，不能保全君王。

齐魏异宝

【原文】二十四年，与魏王会田于郊。魏王问曰："王亦有宝乎？"威王曰："无有。"魏王曰："若寡人国小也，尚有径寸之珠照车前后各十二乘者十枚，奈何以万乘之国而无宝乎？"威王曰："寡人之所以为宝与王异。吾臣有檀子者，使守南城，则楚人不敢为寇东取，泗上十二诸侯皆来朝。吾臣有盼子者，使守高唐，则赵人不敢东渔于河。吾吏有黔夫者，使守徐州，则燕人祭北门，赵人祭西门〔齐之北门，西门也，言燕、赵之人，畏见侵伐，故祭以求福也〕，徙而从者七千余家。吾臣有种首者，使备盗贼，则道不拾遗。将以照千里，岂特十二乘哉！"魏惠王惭，不怿而去。（群书治要·史记）

【译文】齐威王二十四年，与魏惠王会猎于郊外。魏王问："大王也有宝物吗？"威王说："没有。"魏王说："像寡人这样的小国，还有十颗直径各一寸，能照亮前后十二辆车子的宝珠，怎么以贵国这样拥有万辆兵车的大国，反而没有宝物呢？"威王说："在寡人眼里，被看作宝物的东西与大王不同。我有个叫檀子的大臣，我派他守南城，楚国人就不敢向东进犯，泗水一带的十二诸侯都来向齐国朝拜；我有个叫盼子的大臣，我派他守高唐，赵国人就不敢再到他们东部边境的河里来打鱼；我有个叫黔夫的官吏，我派他守徐州，燕国人深感畏惧就会祭徐州的北门求福，赵国人深感畏惧就会祭徐州的西门求福，迁徙追从他的有七千多家；我有个叫种首的大臣，我派他防备盗贼，结果齐国被治理得路不拾遗。这些人才华出众，光耀千里，岂仅止于十二辆车。”魏惠王羞惭满面，扫兴而去。

虐善祸国

【原文】三十年，楚公子围杀大司马蒍掩而取其室。申无宇曰：“王子必不免。善人，国之主也。王子相楚国，将善是封殖，而虐之，是祸国也。且司马，令尹之偏〔偏，佐也〕，而王之四体也。绝民之主，去身之偏，刈王之体，以祸其国，无不祥大焉！何以得免〔为昭十三年弑灵王传〕！”（群书治要·春秋左氏传）

【译文】鲁襄公三十年，楚国公子围杀了大司马蒍掩并夺取了他的家产。申无宇说：“王子围一定不能免于祸难。贤人，是国家的支柱。王子围为楚国宰相，应该扶植贤人，现在却虐杀他们，这是危害国家。况且司马，是令尹的副职，更是国君的四肢。如今王子竟锯断国家的支柱，除去自己的副职，斩断君主的四肢，而危害他的国家，没有比这再大的不祥了！怎么能免于祸难？”

豫让事主

【原文】豫让者，晋人也。故尝事范氏及中行氏，而无所知名。去而事智伯，智伯甚尊宠之。及智伯伐赵，赵襄子与韩、魏合谋灭智伯，三分其地，襄子漆智伯头以为饮器。豫让遁逃山中，变名易姓，为刑人，入宫涂厕，欲以刺襄子。襄子如厕，心动，执问涂厕之刑人，豫让内持刀兵，曰："欲为智伯报仇！"左右欲诛之。襄子曰："彼义人也，吾谨避之耳。"释去之。居顷之，豫让又漆身为厉，吞炭为哑，行乞于市，其妻不识。行见其友，其友识之，曰："以子之材，委质而臣事襄子，襄子必近幸子。近幸子，乃为所欲，顾不易邪？何乃残身苦形，欲以求报襄子，不亦难乎！"豫让曰："既已委质臣事人而杀之，是怀二心以事君也。且吾所为者，极难耳！然所以为此者，将以愧天下后世之为人臣怀二心以事其君也。"顷之，襄子当出，豫让伏于所当过之桥下。襄子至桥马惊，曰："此必是豫让也。"使人问之，果豫让也。于是赵襄子数豫让曰："子不尝事范、中行氏乎？智伯尽灭之，而子不为报仇，反委质臣于智伯。智伯亦已死矣，而子独何以为之报仇之深也？"豫让曰："臣事范、中行氏，范、中行氏皆众人遇我，我故众人报之。至于智伯，国士遇我，我故国士报之。"（群书治要·史记）

【译文】豫让是晋国人。他原先曾经服侍过范氏和中行氏，没有什么名声。离开范氏、中行氏后，又去服侍智伯，智伯很尊重他、宠信他。等到智伯攻伐赵襄子，赵襄子便与韩、魏合谋消灭了智伯，瓜分了他的土地。赵襄子把智伯的头骨涂上油漆，作为饮酒的大酒盅。豫让逃到山中，便改变姓名，装成被判罪罚做苦役的人，潜入赵襄子的宫中粉刷厕所，准备刺杀赵襄子。赵襄子上厕所，心中一惊，便拘问粉刷厕所墙壁的人，才知道是豫让。豫让衣内夹着凶器，说："要给智伯报仇！"跟随的人要杀掉他，襄子说："他是个义士，我注意回避就是了。"于是把他释放了。过了不多时间，豫让又全身涂漆，使皮肤长满癞疮，吞炭使嗓子变得沙哑，在街上讨饭，连他的妻子都不认识他。朋友遇见了，还认得出，问道："以你的才能，委身去侍奉赵襄子，赵襄子一定接近、宠信你。那时，你要干你想干的事，不是更容易吗？何苦摧残自己的身体、丑化自己的形貌？用这样的办法来达到报复赵襄子的目的，不是很困难吗？"豫让说："既然委身服侍别人，又想杀他，这是怀着二心服侍他的君主啊。我知道自己这样做是最艰难的，之所以这样做，是为了使天下后世怀着二心去服侍君主的人感到羞愧。"过不多久，赵襄子要外出了，豫让潜伏在他将要经过的桥下。赵襄子来到桥上，马忽然受惊。赵襄子说："一定是豫让在这里。"派人查问，果然是豫让。这时赵襄子责问豫让道："你过去不也服侍过范氏、中行氏吗？智伯都把他们消灭了，而你却不为他们报仇，反而委身做智伯的臣子。现在智伯死了，你为什么单单要这样深切地为他报仇呢？"豫让说："我服侍过范氏、中行氏，他们只把我当一般人看待，所以我也只像一般人那样报答他们。至于智伯，他把我当国家杰出的人才对待，所以我也要像一个杰出人物那样来报答他。"

简子好士

【原文】赵简子有两白骡而甚爱之。阳城胥渠〔阳城，姓；胥渠，名〕，广门之宦，夜款门而谒曰："主君之臣胥渠有疾〔广门，邑名也；宦，小臣也；款，叩也〕，医教之曰：'得白骡之肝病则止，不得则死。'"谒者通。简子曰："夫杀畜以活人，不亦仁乎？"于是召庖人杀白骡，取肝以与之。无几何，赵兴兵而攻翟，广门之宦，左七百人，右七百人，皆先登而获甲首〔获衣甲者之首也〕。人主其胡可以不好士也？（群书治要·吕氏春秋）

【译文】赵简子有两头白骡子，非常喜爱。在广门当小官的阳城胥渠，夜间去叩赵简子家的门，请求拜见，并说：“大夫您的属下小臣胥渠有病，医生教我说：‘吃了白骡子的肝，病就会好，得不到就要死。’”负责传达的人进去禀报后，赵简子说：“杀牲畜来救活人命，不也是仁义吗？”于是叫厨房的人杀了白骡，取出肝脏给阳城胥渠。不久，赵国发兵攻打狄族，广门县的官吏、奴仆左部七百人，右部七百人，都争先登城斩下披甲武士的首级。人君又怎么可以不喜好士人呢？

孟尝君待贤

【原文】孟尝君为从〔关东曰从〕，公孙弘谓孟尝君曰：“不若使人西观秦，意者秦王帝王之主也，君恐不得为臣，何暇从以难之〔言不能成从以难秦〕？意者秦王不肖主也，君从以难之，未晚也。”孟尝君曰：“善，愿因请公往矣。”公孙弘见昭王，昭王曰：“薛之地小大几何？”公孙弘对曰：“百里。”昭王笑而曰：“寡人之国，地数千里，犹未敢以有难也，今孟尝君之地方百里，而欲以难寡人，犹可乎？”公孙弘对曰：“孟尝君好士，大王不好士也。”昭王曰：“孟尝君之好人何如？”对曰：“义不臣乎天子、不友乎诸侯，得意慙（慙原作暂）为人君，不得意不肯为人臣，如此者三人；能治可为管、商之师〔管，管仲；商，商鞅〕，能致其主霸王，如此者五人；万乘之严主，辱其使者，退而自刎，必以其血污其衣，有（有原作与）如臣者七人。”昭王笑而谢焉。（群书治要·吕氏春秋）

【译文】孟尝君要合纵抗秦，公孙弘对他说：“不如派人西行去观察秦国，如果觉得秦王是有帝王之气的君主，您恐怕做他的臣子都不可能，哪有闲暇去合纵对抗他？如果觉得秦王是德才不佳的君主，您再合纵来对抗他也不晚呀。”孟尝君说：“好，我想为此请你去一趟。”公孙弘见到秦昭王，昭王问：“薛那个地方有多大？”公孙弘回答说：“方圆百里。”昭王笑着说：“寡人的国家，方圆数千里，尚不敢以此责难他人。如今，孟尝君的封地方圆不过百里，却想用以责难我，可以吗？”公孙弘回答说：“孟尝君善待贤士，大王您却不善待贤士。”昭王说：“孟尝君喜欢人才的情况如何呢？”公孙弘回答说：“为了正义而不向天子称臣、不与诸侯交友，得意时羞于做人君，不得意时不肯做人臣，像这样的人才，孟尝君有三人。善于治国，可做管仲、商鞅那样的老师，使他的君主称霸，像这样的人才孟尝君有五人。在万乘大国威严的君主侮辱使者时，使者会后退自刎，但一定用自己的血溅污对方之衣，就像我这样的，孟尝君有七人。”昭王笑着向他道歉。

虎会行歌

【原文】赵简子上羊肠之坂，群臣皆偏袒推车，而虎会独担戟行歌，不推车。简子曰：“群臣皆推车，会独担戟行歌，是会为人臣侮其主。为人臣侮其主者，其罪何若？”对曰：“为人臣而侮其主者，死而又死。”简子曰：“何谓死而又死？”会曰：“身死妻子为徒，若是谓死而又死也。君既已闻为人臣而侮其主者之罪矣，君亦闻为人君而侮其臣者乎？”简子曰：“何若？”会曰：“为人君而侮其臣者，智者不为谋，辨者不为使，勇者不为斗。智者不为谋，则社稷危；辨者不为使，则使不通；勇者不为斗，则边境侵。”简子曰：“善！”乃以会为上客。（群书治要·新序）

【译文】赵简子从一条崎岖的小道上山，群臣都光着一只膀子给他推车，只有虎会肩上扛着戟，边走边唱，不去推车。赵简子说："群臣都来推车，你虎会偏偏扛着戟边走边唱，这是你虎会身为臣而轻慢你的君主。作为臣子而轻慢他的君主，该当何罪？"虎会答道："做臣子而轻慢其君主应该死上加死。"简子说："什么叫死上加死？"虎会说："本人要死，老婆孩子也要死，像这样就是死上加死。君主您已经知道作为臣子而轻慢君主的人该当何罪了，那么您也听说过作为君主而轻慢其臣下的结果吧？"简子说："结果会怎么样？"虎会答道："作为君主而轻慢其臣下，结果是有智谋的人不给他出主意，有辩才的人不给他办外交，有勇力的人不为他冲锋陷阵。有智谋的人不为他出主意，国家就危险；有辩才的人不为他办外交，出使就不会顺畅；有勇力的人不为他冲锋陷阵，边境就会受到别国的侵犯。"简子说："你说的有道理。"于是把虎会尊为上宾。

魏文宝仁

【原文】公季成谓魏文侯曰："田子方虽贤人，然而非有土君也。君常与之齐礼，假有贤于子方者，君又（又原作有）何以加之？"文侯曰："如子方者，非成所得议也。子方，仁人也。仁人也者，国之宝也；智士也者，国之器也；博通之士也者，国之尊也。故国有仁人，则群臣不争；国有智士，则无四邻诸侯之患；国有博通之士，则人主尊。固非成之所得议也。"公季成自退于郊。（群书治要·新序）

【译文】公季成对魏文侯说："田子方固然是贤能之士，可他并不是有封地的君主，您总是跟他平起平坐，假如有比田子方更贤能的人，您又用什么礼数对待呢？"文侯说："像田子方这样的人，不是你所能议论的。田子方是仁人，仁人是国家的珍宝；智士是国家的人才；诸事皆通晓的人，是国家的尊贵者。因此，国家有了仁人，那么群臣们就不会明争暗斗；国家有了智士，就没有四邻诸侯侵扰的担忧；国家有了博通诸事的人，那么国君就会受到尊崇。因此说，这不是你所能议论的事呀。”公季成就自觉地离开了都城。

桓公见稷

【原文】齐桓公见小臣稷，一日三至，不得见。从者曰：“万乘之主，见布衣士，一日三至而不得见，亦可以止矣。”桓公曰：“不然。士之傲爵禄者，固轻其主；其主傲霸王者，亦轻其士。纵夫子傲爵禄，吾庸敢傲霸王乎？”五往而后得见。天下闻之，皆曰：“桓公犹下布衣之士，而况国君乎？”于是相率而朝，靡有不至。（群书治要·新序）

【译文】齐桓公去拜访小臣稷，一天当中去了三次，都没有见到。随从的官员说：“一个大国的君主，去拜见一个平民百姓，一天去了三次不能见到，也可以就此停止了。”桓公说：“话不能这么说，士人当中那些轻视高官厚禄的，当然会轻视其君主；其君主如果轻视称王称霸的事，也就会轻视士人。即使这位先生轻视高官厚禄，我怎么敢轻视称王称霸之事呢？”齐桓公直到第五次拜访才见到小臣稷。天下的人听到这件事，都说：“桓公对平民百姓都能屈身去见，何况对国君呢？”于是天下诸侯交互前往朝见桓公，没有不来朝见的。

沛公辍洗

【原文】郦食其，陈留人也。好读书，身长八尺，人皆谓之狂生，自谓我非狂。沛公至高阳传舍，使人召食其。至，入谒，沛公方踞床，令两女子洗，而见食其。食其入，即长揖不拜，曰："足下欲助秦攻诸侯乎？欲率诸侯破秦乎？"沛公骂曰："竖儒！夫天下同苦秦久矣，故诸侯相率攻秦，何谓助秦？"食其曰："必欲聚徒合义兵，诛无道秦，不宜踞见长者。"于是沛公辍洗，起衣，延食其上坐，谢之。（群书治要·汉书）

【译文】郦食其，陈留人。他喜爱读书，身高八尺，人们都称他为"狂生"，而他自己认为自己并不狂。沛公到了高阳，住进一家旅馆，派人召见郦食其。食其来拜见时，沛公正叉开双腿坐在床上，让两个女子为他洗脚，便叫食其来见。食其进到屋里，只行了一个打拱礼，没有跪拜，说道："您是打算帮助秦朝攻伐诸侯呢？还是要统率诸侯打败秦朝呢？"沛公骂道："混蛋儒生！普天下的人民被秦朝害得很久了，所以诸侯一个接着一个起而攻伐秦朝，怎么说我要帮助秦朝呢？"郦生说："您真的要联合各地义军去讨伐无道的秦朝，那就不应该这样倨傲地接见长者。"于是沛公停止洗脚，起身整理好衣服，请郦食其上座，向他道歉。

孙权穿壁

【原文】吕蒙，字子明，汝南人也。拜虎威将军。关羽讨樊，权遣蒙到南郡，糜芳降。蒙入据城，尽得羽及将士家属，蒙皆抚慰过于平时，故羽吏士无斗心，皆委羽降，荆州遂定，以蒙为南郡守。蒙疾发，权时在公安，迎置内殿，所以治护者万方，募封内，有能愈蒙疾者，赐千金。时有减加，权为之惨戚，欲数见其颜色，又恐其劳动，常穿壁瞻之，见其小能下食则喜，顾左右言笑，不然则咄唶，夜不能寐。病中瘳，为下赦令，令群臣毕贺。后更增笃，权自临视。卒，权哀痛（旧痛下有心字，删之）甚。（群书治要·三国志）

【译文】吕蒙，字子明，汝南郡（富陂县）人。拜虎威将军。关羽率军进攻（曹魏的）樊城时，孙权派吕蒙领兵前往袭取南郡。南郡太守麋芳投降，吕蒙进入南郡占领城池，俘虏了关羽及其将士的全部家属，并给他们以比平日更优厚的抚慰，所以关羽的将士都没有了斗志，部下都离开关羽投降（吴军），荆州遂得以平定，孙权任命吕蒙为南郡太守。这时吕蒙疾病发作，而孙权当时尚在公安，把吕蒙迎到自己宫内殿堂住下，采用一切方法为他治疗救护，招募国内良医，下令说，有能治好吕蒙疾病者，赏赐千金。吕蒙的疾病时轻时重，孙权为之悲凄忧伤。他想常常看一看吕蒙的容颜气色，又怕吕蒙会施礼而劳累身体，只好在隔壁墙上打个小洞，偷偷观看。看到吕蒙稍稍能吃东西就喜欢，还会回头与左右侍从谈笑，如果不是这样他就长吁短叹，夜不能眠。吕蒙的病情曾一度好转，孙权专门为此下达大赦令，又让群臣都来道贺。后来病情又加重，孙权亲自到病床旁探视。吕蒙去世，孙权极度哀痛。

酤酒狗猛

【原文】人有酤酒者，为器甚洁清，置表甚长，而酒酸不售。问之里人其故，里人曰："公之狗猛，人挈器而入，且酤公酒，狗迎而噬之，此酒所以酸不售之故也。夫国亦有猛狗，用事者也。有道术之士，欲明万乘之主，而用事者迎而龁之，此亦国之猛狗也。左右为社鼠，用事者为猛狗，则道术之士不得用矣，此治国之所患也。”（群书治要·说苑）

【译文】有一个卖酒的人，他准备的酒具十分清洁，悬挂的酒招也很高，但酒放酸了也卖不出去。他问邻里的人这是什么缘故，邻里的人说：“你的狗太凶了，别人提壶进来，准备买你的酒，那狗就扑上来咬人。这就是酒放酸了都卖不出去的缘故”。国家也有猛狗，当权的人就是。有道德学问的贤士，想要求见国君，但当权的人像狗一样扑上去咬他，这种人就是国家的猛狗。左右的亲信是社鼠，当权的人是猛狗，那么有道德学问的贤士就得不到任用了。这就是治理国家所要担心的最大忧患。”

色衰爱弛

【原文】昔者，弥子瑕有宠于卫君。卫国之法，窃驾君车者罪刖。弥子母病，人有间夜告弥子，弥子矫驾君车以归。君曰：“孝哉，为母故犯刖罪。”异日，与君游于果园，食桃而甘，不尽，以其半啖君。君曰：“爱我哉，忘其口而啖寡人。”及弥子色衰爱弛，得罪于君，君曰：“是故尝矫驾吾车，又尝啖我以余桃。”故弥子之行，未移于初也。而前所以见贤，后获罪者，人主爱憎之变也。故有爱于主，则智当而加亲；有憎于主，则智不当而加疏。（群书治要·韩子）

【译文】从前，弥子瑕受卫国君主的宠爱。卫国的法律规定，凡偷驾君主车子的人要受到砍脚的刑罚。弥子瑕的母亲病了，有人连夜去告诉弥子瑕。弥子瑕便假传君命，驾驶卫君的车子回家。卫君知道后说：“是个孝子啊！为了母亲的缘故，居然甘冒砍脚之罪。”另一天，弥子瑕与卫君到果园里游玩，吃桃子时觉得很香甜，就把剩下的一半给卫君吃。卫君说：“真爱我啊！忘却自己的口腹之欲而献给我吃。”等到弥子瑕容颜衰退失去宠信，又得罪了卫君，卫君则说：“他过去曾假传君命驾驶过我的车子，又曾把他吃剩的桃子给我吃。”本来弥子瑕的行为，与当初并无两样，而以前之所以被称为善举，以后却被当作罪过，是因为君主的爱憎发生了变化。所以，受君主宠信之时，其聪明会被看作得当而倍加亲近；被君主憎恶之时，其聪明就被看作不当而愈加疏远。

纳谏第五

尺蠖食黄

【原文】晏子没十有七年，景公饮诸大夫酒。公射，出质，堂上唱善，若出一口。公作色大息，播弓矢。弦章入，公曰："章！自吾失晏子，于今十有七年矣，未尝闻吾不善。今射出质，唱善者如出一口。"弦章对曰："此诸臣之不肖也。智不足以知君不善，勇不足以犯君之颜，然而有一焉。臣闻君好之则臣服之，君嗜之则臣食之。尺蠖食黄其身黄，食苍其身苍，君其犹有食谄人之言乎。"公曰："善。"（群书治要·晏子）

【译文】晏子死后十七年，景公请诸位大夫饮酒。景公酒后射箭脱靶，大厅中饮酒的诸位大夫高喊"射得好"，喊声整齐，若出一人之口。景公一脸怒气，大声叹息，抛掉了弓箭。这时弦章进入大厅，景公说："弦章啊！自从我失去晏子，至今十七年了，未曾听到谁说我有不对之处。今天我射箭脱了靶，大喊射得好的声音如出一人之口。"弦章答道："这是诸臣没有才德呀！以他们的才智，不足以知道君主的过错；以他们的勇气，不敢触犯君主的威颜；这样便出现了众口一词的情况。我听说，君主喜欢穿的，臣子们便乐意穿；君主喜欢吃的，臣子们便乐意吃。尺蠖吃了黄叶，身体就发黄；吃了青叶，身体就发青。君主大概还喜食（喜欢听）谄媚者之言吧！"景公说："你的话很有道理！"

献子贵言

【原文】范献子游于河，大夫皆存，君曰："孰知栾氏之子？"

大夫莫答。舟人清涓舍楫而答曰:“君奚问栾氏之子为?”君曰:“自吾亡栾氏也,其老者未死,而少者壮矣。吾是以问之。”清涓曰:“君善修晋国之政,内得大夫,而外不失百姓,虽栾氏之子,其若君何?君若不修晋国之政,内不得大夫,而外失百姓,则舟中之人,皆栾氏之子也。”君曰:“善哉言。”明日朝,令赐舟人清涓田万亩,清涓辞。君曰:“以此田也,易彼言也。子尚丧,寡人犹得也。”古之贵言也若此。(群书治要·尸子)

【译文】范献子在黄河上荡舟,大夫们都在身边。范献子问:“有谁知道栾氏的后人?”大夫们没有人对答。有个叫清涓的摇船人放下船桨,答道:“您为何要问栾氏的后人呢?”献子说:“自从我消灭了栾氏,栾氏的老一代没有死亡,新一代已经长大。所以我要询问。”清涓说:“您好好管理晋国的内政,对内团结大夫,对外不丧失百姓,即使栾氏子孙长大了,对您又能够怎样呢?您如果不很好地管理晋国内政,对内得不到大夫支持,对外丧失了老百姓拥护,那么船上的人都会成为栾氏的后裔,成为您的敌人。”献子说:“这话说得好哇!”第二天早朝,范献子下令赏赐那个叫清涓的摇船人良田一万亩,而清涓却婉言谢绝。范献子说:“以这些田地交换你的劝告,你还有所失,我还有所多得呢!”古代圣王看重善言,竟达到如此程度。

灵公凿池

【原文】卫灵公天寒凿池。宛春谏曰:“天寒起役,恐伤民〔伤,病〕。”公曰:“天寒乎哉?”宛春曰:“公衣狐裘,坐熊席,是以不寒。今民衣弊不补,履决不组。君则不寒,民则寒矣。”公曰:“善。”令罢役。左右以谏曰:“君凿池,不知天之寒也,而春也知之。以春之知也，而令罢之，福将归于春也，而怨将归于君。”公曰：“不然。夫春也，鲁国之匹夫也，而我举之〔举，用〕，夫民未有见焉〔未见其德〕，今将令人以此见之。且春也有善，如寡人有春之善，非寡人之善欤？”灵公之论宛春也，可谓知君道矣。（群书治要·吕氏春秋）

【译文】卫灵公在天气寒冷时挖凿水池。宛春劝谏说：“天寒季节动用劳役，恐怕会冻伤百姓。”卫灵公说：“天气寒冷吗？”宛春说：“您穿着狐皮大衣，坐着熊皮垫席，所以不觉寒冷。现在百姓衣服破烂不能补，鞋子开口不能缝。您不寒冷，百姓寒冷呀！”灵公说：“你说得对！”就下令停止征用劳役。左右侍从进谏说：“您挖凿池子不知道天寒，但宛春知道。因为宛春说明这一原因而下令停止，（百姓的）祝福将归于宛春，怨恨却归结于您。”灵公说：“不是这样。宛春本来只是鲁国的一个平民，我选用了他，而百姓还未看到他的德行，现在将让百姓通过这件事了解他。而且宛春有善行，就如同我有善行，宛春的美好不就是我的美好吗？”卫灵公评论宛春的话，可说是懂得做君主的道理啊。

文侯仁德

【原文】魏文侯与大夫坐，问曰：“寡人何如君也？”群臣皆曰：“君仁君也。”次至翟黄，曰：“君非仁君也。”曰：“子何以言之？”对曰：“君伐中山，不以封君之弟，而以封君之长子，臣以此知君之非仁君也。”文侯怒而逐（逐原作出）之。次至任座，文侯问曰：“寡人何如君也？”任座对曰：“君仁君也。”曰：“子何以言之？”对曰：“臣闻之，其君仁者其臣直，向翟黄之言直，臣是以知君仁君也。”文侯曰：“善！”复召翟黄。（群书治要·新序）

【译文】魏文侯与大夫们闲坐时，问道：“我是个什么样的君主呢？”臣子们都说：“君主您是位仁德之君。”轮到翟黄，他说：“君主您不是仁德之君。”文侯问：“您凭什么这么说？”翟黄答道：“君主您攻取中山以后，不把它封给您的弟弟，却把它封给您的大儿子，我从这里看出您不是位仁德之君。”文侯勃然大怒，赶翟黄出去。接着轮到任座，文侯问道：“我是什么样的君主呢？”任座答道：“君主您是位仁德之君。”文侯问：“您凭什么这么说呢？”任座答道：“我听说过，如果君主有仁德，他的臣子就正直，而刚才翟黄敢说真话，因此我看出君主是仁德之君。”文侯说：“您说得对。”遂又召回翟黄。

梁君出猎

【原文】梁君出猎，见白雁群，梁君下车，彀弩欲射之。道有行者，梁君谓行者止，行者不止，白雁群骇。梁君怒，欲射行者。其御公孙龙下车抚矢曰：“君止。”梁君忿然作色而怒曰：“龙不与其君，而顾与他人，何也？”公孙龙对曰：“昔者齐景公之时，大旱三年，卜之曰：‘必以人祠，乃雨。’景公曰：‘凡吾所以求雨者，为吾民也。今必使吾以人祠，乃且雨，寡人将自当之。’言未卒，而天大雨，方千里。何也？为有德于天，而惠于民也。今主君以白雁之故，而欲射杀之，无异于虎狼矣。”梁君援其手与上车，归入郭门，呼万岁（岁原作年）曰：“幸哉今日也！人猎皆得兽，吾猎得善言而归。”（群书治要·新序）

【译文】梁国国君外出打猎，看见一群白雁，他下了车，张满了弓要射它们。路上恰好有人行走，梁君叫那个行人止步，那个行人却没有停下来，惊动了那群白雁。梁君发怒，想射死那个行人，他的车夫公孙龙下车，用手按住那支箭，说："大王别射。"梁君气得脸色都变了，骂道："你公孙龙不向着你的主子，反而向着别人，是什么意思？"公孙龙答道："从前齐景公做君主的时候，天大旱三年，占卜的谶语说：'一定要杀个人做祭品，才会下雨，'景公说：'我之所以求雨，都是为了我的百姓。假如一定要叫我用人来祭献，然后才下雨，就杀了我去充当祭品吧。'他的话还没有说完，方圆千里的广大地区就下起了大雨。这是为什么呢？就是因为他的品德感动了苍天，一心为民造福啊。现在大王因为惊飞白雁之故，就要射死行人，这跟虎狼没有什么两样啊！"（于是）梁君拉着公孙龙的手，跟他一块儿上车回去，一进入外城的大门，就高呼"万岁"，说："我今天太幸运了！别人打猎得到的都是野味，而我却猎获了极好的谏言回来。"

闻善则赏

【原文】晋文公田于虢，遇一老夫而问曰："子处此故也，虢亡其有说乎？"对曰："虢君断则不能，谏（谏原作谋）则不与也。不能断，又不能用人，此虢之所以亡也。"文公辍田而归，遇赵衰而告之，衰曰："古之君子，听其言而用其身；今之君子，听其言而弃其身。哀哉！晋国之忧也。"文公乃召赏之。于是晋国乐纳善言，文公卒以霸也。（群书治要·新序）

【译文】晋文公在虢地打猎，遇到一位老人，文公问他："您住在此地也很久了，对虢国的灭亡有什么看法呢？"农夫答道："虢国国君自己不能决断国事，忠言进谏他又不采纳。自己不能决断而又不重用贤才，这就是虢国灭亡的原因了。”文公听了这话就停止打猎，回到都城，遇见赵衰，就把这事说给他听。(赵衰问道：“现在那个人在哪儿？”文公说：“我没有跟他一起回来。”)赵衰说：“古时候的君子，采纳了一个人的谏言就任用这个人。现在君主您，采纳了人家的建议却把人家甩在一边，可悲啊！这是晋国令人担忧之处啊！”文公于是召见并赏赐了这位老人。从此晋国乐于采纳好的谏言，文公也终于因此而成了诸侯的盟主。

文公逐麋

【原文】晋文公逐麋而失之，问农夫老古曰：“吾麋何在？”老古以足指曰：“如是往矣。”文公曰：“寡人问子，子以足指，何也？”老古振衣而起曰：“壹不意人君之如此也。虎豹之居也，厌闲而近人，故得；鱼鳖之居也，厌深而之浅，故得。诸侯厌众，而亡其国。《诗》曰：‘维鹊有巢，维鸠居之。’君放不归，人将居之矣。”于是文公恐。归遇栾武子，栾武子曰：“猎得兽乎？而有悦色。”文公曰：“吾逐麋而失之，得善言，故有悦色。”武子曰：“其人安在？”曰：“吾未与来。”武子曰：“处上位而不恤其下，骄也；缓令急诛，暴也；取人言而弃其身，盗也。”文公曰：“善。”还车载老古，与俱归。（群书治要·新序）

【译文】晋文公追赶一头麋鹿，可是跟丢了，便问农夫老古说：“我追的麋鹿跑到哪儿去了？”老古用脚指着说：“朝这边跑去了。”文公说：“我问你话，你就用脚指一指，这是为什么？”老古抖抖衣服站直了说：“我没想到大王会是这个样子。虎豹有它该住的地方，因为厌倦了安静而接近人群，所以被捕获；鱼鳖有它该住的地方，因为厌倦了深水而游向浅水，所以被捕获；（同样）诸侯如果厌倦了民众，那就会失掉其国家。《诗经》里有这样的话：‘喜鹊有窝，却让布谷鸟占了。’大王在外游荡而不回宫，别人就要取代你当国君了。”于是文公惊恐地往回赶，路上遇到栾武子，栾武子问道：“捕到野兽了吗？这么面带喜色。”文公说：“我追一只麋鹿没追上，倒得到几句有益的劝告，因此面带喜色。”栾武子说：“那个人在哪儿呀？”文公说：“我没有和他一块回来。”栾武子说：“身为君主而不体恤下民，这是骄纵；法令尚未传达到各地，却忙着处罚违令的人，这是残暴；接受了人家的劝告，却把人家丢在一边，这是抢夺。”文公说：“您说得太好了。”于是调转车头去接老者，与他同车回到王宫。

卷二 臣行

尽忠第一

共子从君

【原文】武公伐翼，弑哀侯，止栾共子，曰："苟无死〔共子，晋大夫共叔成也〕，吾以子为上卿，制晋国之政。"辞曰："成闻之，民生于三，事之如一〔三，君、父、师也。如一，服勤至死也〕。父生之，师教之，君食之〔食，谓禄也〕。唯其所在，则致死焉〔在君父，为君父，在师，为师也〕，人之道也。臣敢以私利废人道乎〔私利，谓不死为上卿也〕？君何以训矣〔无以教为忠也〕？从君而贰，君焉用臣〔贰，二心也〕？"遂斗而死。（群书治要·礼记）

【译文】晋武公攻打翼国，杀死哀侯，劝阻栾共子（不要抵抗），说道："如果你不死战，我把你封为上卿，执掌晋国政务。"栾共子辞谢说："我听说：'人为三个人而活着，侍奉他们始终如一。'父母生育他，老师教诲他，君王给予爵禄。只要是这几件事，就应以死相报，这是做人的原则。臣岂敢为了私利而抛弃做人的原则呢？您又用什么来教导臣民呢？如果我跟从君主却有二心，您怎么会任用我呢？"于是战斗至死。

屈原投江

【原文】屈原者，名平，楚之同姓也，为楚怀王左徒。博闻强志，明于治乱，娴于辞令。入则与王图议国事，以出号令；出则接遇宾客，应对诸侯。王甚任之。上官大夫与之同列，而心害其能。怀王使平造为宪令，平属草藁未定，上官大夫见而欲夺之，平不与，因谗之曰："王使屈平为令，众莫弗知，每一令出，屈平伐其功，以为‘非我莫能为’也。”王怒而疏平。平疾王听之不聪也，谗谄之蔽明也，邪曲之害公也，方正之不容也，故忧愁幽思，而作《离骚》。平既绌，其后秦大破楚师，怀王入秦而不反。平虽放流，眷顾楚国，冀幸君之一悟、俗之一改也。令尹子兰卒使上官大夫短原于顷襄王，顷襄王怒而迁之〔迁于江南〕，遂自投汨罗以死〔汨水在罗，故曰汨罗〕。原既死之后，楚日以削，竟为秦所灭。（群书治要·史记）

【译文】屈原名平，是楚王的同族人，担任楚怀王的左徒。他见闻广博，记忆力强，通晓国家盛衰兴亡的道理，擅长应酬外交的辞令。入朝就和楚王讨论国家大事，制定政令；出朝就接待宾客，办理对诸侯国的外交事务。楚怀王对他十分信任。上官大夫和屈原职位相等，他妒嫉屈原的才能。有一次，怀王让屈原制定法令，屈原写好草稿，还未最后定稿，上官大夫看到后想要有所修改，屈原不答应。他就向楚怀王进谗言说：“大王让屈原制定法令，无人不知，每颁布一项法令，屈平就夸耀自己的功劳，说除了他别人都做不出来！”楚怀王听后很生气，就疏远了屈原。屈原痛心楚怀王偏听偏信，被谗谄者蒙蔽而不明事理，邪恶小人这样妨害国事，正直的人因此不能容身，所以忧愁沉思，写成了《离骚》。屈原遭贬黜之后，秦国大败楚军，怀王被骗到秦国而不得生还。屈原虽然身遭放逐，还是眷恋楚国，期望怀王能悔悟过来，习俗能得到矫正。令尹子兰让上官大夫向顷襄王说屈原的坏话，顷襄王发怒，将屈原放逐到更远的江南。于是，屈原就自投汨罗江而死。屈原死后，楚国一天天削弱，最终被秦国灭亡。

晏子为相

【原文】晏平仲婴者，莱人也〔莱者，今东莱地也〕，事齐灵公、庄公、景公，以节俭力行重于齐。其在朝，君语及之则危言，语不及则危行；国有道则顺命，无道则衡命。以此三世显名于诸侯。太史公曰：“吾读《晏子春秋》，详哉其言之也。至其谏说，犯君之颜，此所谓‘进思尽忠，退思补过’者哉！”（群书治要·史记）

【译文】晏平仲，名婴，东莱人。曾在齐灵公、齐庄公、齐景公三朝为臣，因为节约俭朴又能尽力办事而受到齐国人的尊重。晏婴在朝廷处理政务时，国君对他说到的事，他就直言己见；没有说到的事，他就正直地去办。国君的命令有道理，他就服从命令；没有道理，他就隐居起来。因此连续三朝，他的名声传扬于各诸侯国。太史公说：“我读《晏子春秋》，关于晏婴的事迹书中记载得多么详尽哪！至于晏婴的直言进谏，敢于冒犯君王的威严，这就是所谓‘在朝想着尽忠，在家想着补过’的人吧！”

袁安流涕

【原文】袁安，字邵公，汝南人也。为司徒时，和帝幼弱，太后临朝。安以天子幼弱，外戚擅权，每朝会进见，及与公卿言国家事，未尝不噫呜流涕。自天子及大臣，皆倚赖之。章和（当作永元）四年薨，朝廷痛惜焉。后数月，窦氏败，帝始亲万机，追思前议者邪正之节，乃除安子赏为郎。（群书治要·后汉书）

【译文】袁安，字邵公，汝南郡人。做司徒官的时候，和帝幼弱，窦太后临朝听政。袁安以天子幼弱，外戚擅权，每次朝会进见，和公卿们谈到国家政事，未尝不叹息流泪。从天子到大臣，都依赖袁安。永元四年逝世，朝廷非常痛惜。死后几个月，窦氏败北，和帝开始亲理朝政，回想亲政以前群臣谏议邪正的情节，遂授袁安子袁赏为郎。

王修厚恩

【原文】王修，字叔治，北海人也。年七岁丧母。母以社日亡，来岁邻里社，修感念母，哀甚。邻里闻之，为之罢社。袁谭在青州，辟修为治中从事，谭欲攻弟尚，修谏曰："夫兄弟者，左右手也。譬人将斗，而断其右手，而曰'我必胜'，若是者可乎？夫弃兄弟而不亲，天下其孰亲之？属有谗人，固将交斗其间，以求一朝之利，愿明使君塞耳勿听也。若斩佞臣数人，复相亲睦，以御四方，可以横行天下。"谭不听。

太祖遂引军，攻谭于南皮。修闻谭已死，号哭曰："无君焉归？"遂诣太祖，乞收谭尸。太祖不应。修复曰："受袁氏厚恩，若得收敛谭尸，然后就戮，无所恨。"太祖嘉其义，听之。太祖破南皮，阅修家谷不满十斛，有书数百卷。太祖叹曰："士不妄有名。"乃辟为司空掾。（群书治要·三国志）

【译文】王修，字叔治，北海人。七岁时，他的母亲在祭祀土地神那天去世。第二年，乡亲们在社日祭祀土地神，王修思念母亲，极为哀痛。乡亲们知道后，为此停止了祭祀活动。袁谭在青州时，任命王修为治中从事。袁谭想攻打其弟袁尚，王修劝阻他说："兄弟如同一个人的左右手。比如一个人将要与别人角斗，却砍断自己的右手，反而说我一定能胜，像这样行吗？抛弃亲兄弟不亲近，天下人还有谁可以亲近呢？您部下有专说别人坏话的人，本来就想让你们兄弟之间互相争斗，以追求一时之利，我希望你堵上耳朵不要听他们的话。若能斩杀几个奸邪谄媚的下属，兄弟重新亲近和睦，以抵御四方的敌人，完全可以横行天下。”袁谭没有听从。

太祖曹操带领军队包围南皮县攻打袁谭。王修听到袁谭被杀的消息，放声大哭说：“没有君主了，我回到哪里去呢？”于是去见太祖，请求让他收葬袁谭的尸体。太祖不答应。王修又说：“我曾受到袁氏的厚恩，如果能允许我收殓袁谭尸体，然后任您斩杀，我便不会有憾恨。”太祖嘉许他的义气，听从了他。太祖攻破南皮县，察看王修家，粮谷不满十斛，仅有书籍几百卷而已。太祖感叹说：“贤士不是虚有其名啊！”于是，礼聘王修为自己司空府属官。

阎温请兵

【原文】阎温，字伯俭，天水人也。以凉州别驾守上邽令（旧无以凉至邽令九字，补之）。马超围州所治冀城甚急，州乃遣温密出，告急。贼见，执还诣超。超解其缚，谓曰：“今成败可见，足下为孤城求救而执于人手，义何所施？若从吾言，反谓城中，东方无救，此转祸为福之计也。不然，今为戮矣。”温伪许之，超乃载温诣城下。温向城大呼曰：“大军不过三日至，勉之！”超怒数之，温不应。复谓温曰：“城中故人，有欲与吾同者不？”温又不应。遂切责之，温曰：“夫事君有死无贰，而卿乃欲令长者出不义之言，吾岂苟生者乎？”超遂杀之。（群书治要·三国志）

【译文】阎温，字伯俭，天水郡人。以凉州别驾的职衔代理上邽县的县令。马超包围了凉州所管辖的冀县，形势紧迫。州刺史派阎温秘密出城，（向夏侯渊）告急。敌人发现了他，抓来见马超。马超解开捆他的绳索，对他说："如今胜败形势已经分明，你为这座孤城请救兵却被人捉住，还怎么表现大义呢？如果听我的话，回去告诉城里，东方不会有救兵赶来，这是你转祸为福的策略。否则，今天就处死你。"阎温假装同意。于是，马超乘车载着阎温来到城下。他朝着城内大声喊道："大军不出三天就会到达，要努力呀！"马超非常恼怒地责备他，阎温拒不回答。马超又对他说："你城里的朋友，有愿同我合作的吗？"阎温仍不理睬。于是，马超严厉责备他。阎温说："事君之道誓死不生二心，你却要让有德行的人说出不义的话，我难道是苟且偷生之辈吗？"于是，马超立即杀死了他。

孔明效忠

【原文】诸葛亮，字孔明，琅邪人也。每自比于管仲、乐毅，时人莫之许也。唯博陵崔州平、颍川徐庶元直与亮友善，谓为信然。时先主屯新野。徐庶见先主，先主器之，谓先主曰："诸葛孔明者，卧龙也，将军岂愿见之乎？"先主遂诣亮，凡三，于是与亮情好日密。关羽、张飞等不悦，先主解之曰："孤之有孔明，犹鱼之有水也，愿诸君勿复言。"羽、飞乃止。成都平，以亮为军师将军。先主外出，亮常镇守成都，足食足兵。先主即帝位，策亮为丞相，录尚书事。先主病笃，召亮，属以后事，谓亮曰："君才十倍曹丕，必能安国，终定大事。若嗣子可辅，辅之。如其不才，君可自取。"亮涕泣曰："臣敢竭股肱之力，效忠贞之节，继之以死！"先主又为诏敕后主曰："汝与丞相从事，事之如父。"（群书治要·三国志）

【译文】诸葛亮，字孔明，琅邪郡（阳都县）人。他常常把自己比作管仲、乐毅，当时的人并不赞许，只有博望郡人崔州平、颍川人徐庶（字元直）与他友好亲近，认为确实是这样。当先主刘备驻扎在新野县时，徐庶来见先主，先主很器重他。徐庶对先主说："诸葛孔明，好比是一条伏卧未飞的龙，将军难道不想见他吗？"于是先主便去拜访诸葛亮，一连去了三次（才得以见面），于是与诸葛亮的友好情谊日益加深。关羽、张飞等人为此不太高兴，先主开解他们说："我有了孔明，就像鱼有了水一样，希望诸位不要再说什么了。"关羽、张飞这才不再说什么了。成都平定后，先主委任诸葛亮为军师将军，先主外出时，经常由诸葛亮镇守成都，充分保证了前方的军粮供应和兵力补充。先主即帝位后，册封诸葛亮为丞相，并主管尚书台的公务。先主病重，从成都召来诸葛亮，把后事托付给他，对他说："你的才能比曹丕强十倍，必定能安定国家，最终完成（光复汉室的）大业。如果我的儿子刘禅可以辅佐，你就辅佐他。如果他不成器，你可以自己取而代之。"诸葛亮流着眼泪回答说："我将竭尽辅佐大臣之力，用忠贞的节操来报效（新帝），直到献出我的生命！"先主又下达诏书训示后主说："你与丞相今后相处，要把他当作父亲对待。"

关公大义

【原文】关羽，字云长，河东人也。先主合徒众，羽与张飞为之御侮。先主与二人寝则同床，恩若兄弟。而稠人广坐，侍立终日，随先主周旋，不避艰险。先主使羽守下邳，曹公东征，擒羽以归，拜为偏将军，礼之甚厚。袁绍遣大将军颜良攻东郡太守刘延于白马，曹公使张辽及羽为先锋击之。羽望见良麾盖，策马刺良于万众之中，斩其首还，绍诸将莫能当者，遂解白马围。曹公表封羽为汉寿亭侯。初，曹公壮羽为人，而察其心神无久留之意，谓张辽曰："卿试以情问之。"既而辽以问羽，羽叹曰："吾极知曹公待我厚，然吾受刘将军恩，誓以共死，不可背之。吾终不留，吾要当立效以报曹公，而后乃归。"辽以羽言报曹公，曹公义之。及羽杀颜良，曹公知其必去也，重加赏赐。羽尽封所赐，而奔先主。左右欲追之，曹公曰："彼各为其主，勿追之。"（群书治要·三国志）

【译文】关羽，字云长，本字长生，河东郡（解县）人。先主刘备在家乡招聚人马，关羽和张飞（一同赶去）帮先主免受欺侮。先主与二人同床睡眠，情谊如同亲兄弟。在大庭广众面前，二人在先主身旁整天侍从站立，追随先主应对各种危机，不畏艰难险阻。先主（袭杀徐州刺史车胄后）派关羽镇守下邳县城。曹操东征徐州，生擒关羽后返回，任命关羽为偏将军，给以优厚礼遇。袁绍派大将颜良到白马关去进攻东郡太守刘延时，曹操派张辽和关羽为先锋迎击。关羽远远望见颜良的旗帜和伞盖，扬鞭催马冲进万军之中，刺死颜良，并砍其头颅后拨马返回，袁绍手下众将没有人能抵挡他，从而解了白马关之围。曹操上表朝廷封关羽为汉寿亭侯。开始时，曹操赞许关羽的为人，而仔细观察他的心思却没有长久留下来的意思，就对张辽说："你试用你们之间的交情去探问（他的心意）。"于是张辽来问关羽，关羽长叹一声说："我非常清楚曹公对我很看重，但我已受了刘玄德将军的大恩，发誓与他共生死，我不能违背誓言。我终究不会在这里久留，但是我一定要立功报效曹公之后才离去。"张辽把他的话转告曹操，曹操很赞赏他的义气。到了关羽杀了颜良后，曹操知道他必定会离去，重重给予赏赐。关羽把这些赏赐品全部封存留下，然后去追寻先主刘备。曹操的左右想去追击，曹操却说："他也是各为其主，就不要去追了。"

张昭忠直

【原文】张昭，字子布，彭城人也。孙策创业，命昭为长史，升堂拜母，如比肩之旧，文武之事，一以委昭。每得北方士大夫书疏，专归美于昭。昭欲嘿而不宣，则惧有私，宣之则恐非宜也，进退不安。策闻之，欢笑曰："昔管子相齐，一则仲父，二则仲父，而桓公为霸者宗。今子布贤，我能用之，其功名独不在我乎！"策临亡，以弟权托昭，昭率群僚立而辅之。权每田猎，常乘马射虎，虎常突前攀持马鞍。昭变色而前曰："将军何有当尔？夫为人君者，谓能驾御英雄，驱使群贤，岂谓驰逐于原野，校勇猛兽者乎？如有一旦之患，奈天下笑何？"权谢昭曰："年少虑事不远。"权于武昌，临钓台，饮酒大醉。权使人以水洒群臣曰："今日酣饮，惟醉堕台中，乃当止耳。"昭正色不言，出外车中坐。权遣人呼昭还，谓曰："为共作乐耳，公何为怒乎？"昭曰："昔纣为糟丘酒池长夜之饮，当时亦以为乐，不以为恶也。"权嘿然有惭色，遂罢酒。每朝见言论，辞气壮厉，义形于色。曾以直言逆旨，中不进见。后遣中使劳问，因请见昭，昭曰："昔太后、桓王不以老臣属陛下，而以陛下属老臣，是以思尽臣节，以报厚恩，使泯没之后，有可称述，而意虑浅短，违逆盛旨，自分幽沦，长弃沟壑，不图复蒙引见，得奉帷幄。然臣愚所以事国，志在忠益毕命而已。若乃变心易虑，以偷荣取容，此臣所不能也。"权辞谢焉。权以公孙渊称藩，遣张弥、许晏至辽东，拜渊为燕王，昭谏曰："渊背魏惧讨，远来求援，非本志也。若渊改图，欲自明于魏，两使不反，不亦取笑于天下乎？"权与相反覆，昭意弥切。权不能堪，案刀而怒曰："吴国士人，入宫则拜孤，出宫则拜君，孤之敬君，亦为至矣，而数于众中折孤，孤尝恐失计。"昭孰视权曰："臣虽知言不用，而每竭愚忠者，诚以太后临崩，呼老臣于床下，遗诏顾命之言故耳。”因涕泣横流。权掷刀致地，与昭对泣。昭容貌矜严，有威风。权常曰：“孤与张公言，不敢妄也。”举邦惮之。（群书治要·三国志）

【译文】张昭，字子布，彭城人。孙策平定江东开创基业，任命张昭为长史，和他一起到内堂拜见自己的母亲，关系就像自小一起长大的朋友一样亲密，民政和军事两方面的公务，一概委托张昭处理。张昭每收到北方士大夫来信，都把治理江东的成绩归功于张昭。张昭想保持沉默不把书信内容报告孙策，则害怕别人以为自己和北方有暗中来往的隐私，向孙策报告吧，又怕不合适，因而进退两难，惴惴不安。孙策得知情况后，高兴地笑着说：“从前管仲辅佐齐桓公，官员们请示事情时齐桓公总是说去问仲父，然而齐桓公却得到霸主之荣。而今子布贤能，我能任用，其所建立的功名岂不是归我了吗！”孙策临死，把弟弟孙权托付给张昭，张昭带领百官立孙权为吴主并辅佐他。孙权每次出外打猎，常常爱骑马射虎，而老虎常会冲上来用前爪抓住马鞍。张昭看到后神色变得严肃，上前说：“将军你这样做有什么得当之处？作为君主，讲求的是能够驾驭英雄、驱使群贤，难道讲求的是在原野上驰马追逐，与猛兽比试勇敢吗？若一旦发生意外，怎么应对天下人的嘲笑呢？”孙权立即向张昭表示歉意，说：“我年轻，考虑事情不深远。”孙权在武昌，有一次与群臣登临长江边的钓台，饮酒大醉。他派人用冷水喷洒在座的群臣，并说：“今天的酣饮，只有大家都醉倒在台上，才可停止。”张昭神色严肃，一言不发，径自出外到车中坐着。孙权让人去叫他回来，然后对他说：“这是为了一起取乐罢了，张公为什么要发怒呀？”张昭回答说：“从前商纣王在池子里蓄满酒浆，酒糟堆成山丘，彻夜痛饮，当时他也认为只是作乐，而不认为是作恶。”孙权默默不语，脸上显出羞惭的神色，于是宣布散席。张昭每次朝见时的进言、论述辞气雄壮严厉，忠义的内心从神色上充分表露出来。他曾经因为直言进谏违逆孙权心意，中间有一段时间不再进见。孙权派皇宫中的使者前去慰问张昭，并请他和自己见面。张昭说：“从前太后、桓王不是把老臣我托付给陛下，而是把陛下托付给老臣我，所以我才一心想尽节效忠，以报厚恩，使得离开人世之后，也有可以称述的事迹留下来。而我思虑短浅，违逆陛下美意，自以为从此埋没，永远被抛弃于荒沟之中，没想到又得到陛下的召见，得以侍奉左右。但老臣我的愚心将用来报效国家，立志进献忠直有益的言论，直到死亡为止。至于改变初衷、另作考虑，以求窃取荣华富贵而获得陛下的欢心，这是老臣我不能做的事啊。”孙权也向他表示歉意。孙权因为公孙渊愿作东吴的属国，决定派张弥、许晏为特使前往辽东，封公孙渊为燕王。张昭劝谏说：“公孙渊背离魏国，害怕遭到讨伐，才远远来（向东吴）求援，愿作属国并不是他的本意。如果他突然改了主意，想向魏国表明自己的忠心，我们的两名使者回不来，不是要招致天下人的耻笑吗？”孙权和他相互争辩，张昭的言辞更加直率恳切。孙权忍受不住，手按佩刀大怒说：“吴国的士大夫进皇宫向朕跪拜，出皇宫则向你跪拜，朕对你的尊敬，也算到极点了！然而你却多次当着众人的面驳斥我，我常常担心自己会忍不住而杀了你。”张昭把孙权看了又看才说：“老臣我尽管知道说的话不会被采纳，却每次都要竭尽愚忠（直言进谏），确实是因为太后驾崩之前，把老臣我叫到病床边，在遗诏中托付我的那些话（一直铭记心间）的缘故啊！”说完他不禁老泪纵横。孙权也把佩刀丢在地上，与他对面哭泣。张昭的容貌矜持严厉，很有威风。孙权常常说：“朕与张公谈话，从来不敢乱说。”对张昭，全国的人都敬畏他。

立节第二

子罕置玉

【原文】十五年，宋人或得玉，献诸子罕，子罕不受。献玉者曰："以示玉人〔玉人，能治玉者〕，玉人以为宝也，故敢献之。"子罕曰："我以不贪为宝，尔以玉为宝，若以与我，皆丧宝也，不若人有其宝。"稽首而告曰："小人怀璧，不可以越乡〔言必为盗所害〕，纳此以请死〔请免死〕。"子罕置诸其里，使玉人为之攻之〔攻，治也〕，富而后使复其所〔卖玉得富〕。（群书治要·春秋左氏传）

【译文】鲁襄公十五年，宋国有人得了一块玉石，把它献给子罕。子罕不肯接受。献玉者说："拿给玉工看过，玉工认为是块宝玉，所以才敢进献。"子罕说："我是把不贪当作宝物，而你是把玉石当作宝物。如果你把玉石送给我，那我们俩都丧失了宝物，倒不如各人保有自己的宝物。"献玉者叩头告诉子罕说："小人怀藏玉璧，不敢往来于乡野（惧为盗贼所害），把它送给您是为求免于一死的。"于是子罕就把献玉者安顿在自己的居处，让玉匠为献玉者雕琢宝玉，直到献玉者卖玉致富之后，才让其回家。

袁涣不辱

【原文】袁涣，字曜卿，陈郡人也。刘备之为豫州，举涣茂才，后为吕布所拘留。布初与刘备和亲，后离隙。布欲使涣作书骂辱备，涣不可，再三强之，不许。布大怒，以兵胁涣曰："为之则生，不为则死。"涣颜色不变，笑而应之曰："涣闻唯德可以辱人，不闻以骂。使彼固君子耶，且不耻将军之言，彼诚小人耶，将复将军之意，则辱在此，不在于彼。且涣他日之事刘将军，犹今日之事将军也，如一旦去此，复骂将军，可乎？”布惭而止。（群书治要·三国志）

【译文】袁涣，字曜卿，陈郡人。刘备任豫州牧时，举荐袁涣为茂才。后来他又被吕布强迫留下。吕布当初与刘备和好亲善，后来产生矛盾。吕布想让袁涣写信辱骂刘备，袁涣没有答应，吕布再三强迫他，其仍然不同意。吕布大怒，持兵器威胁袁涣说：“你若写才能活命，不写就得被处死！”袁涣脸色不变，笑着答道：“我听说只有在道德上优于别人才会使别人感到耻辱，从来没听说过用辱骂可以使别人感到耻辱的。假使他本来就是个君子，他将不以将军的话为耻辱；假使他的确是个小人，那他将用将军骂人的主意来对付你，那样耻辱将在你这一方而不在他那一方。且袁涣我他日如果改而侍奉刘将军，像现在侍奉将军你一样，如果我一旦离开这里，又回过头来骂你，可以吗？”吕布感到羞惭，就不再逼迫他。

负荆请罪

【原文】廉颇者，赵之良将也。蔺相如者，赵人也。赵王与秦王会渑池。秦王饮酒酣，曰：“寡人窃闻赵王好音，请奏瑟。”赵王鼓瑟。秦御史前书曰：“某年某月，秦王与赵王会饮，令赵王鼓瑟。”相如前曰：“赵王窃闻秦王善为秦声，请奉盆缻以相乐。”秦王怒，不许。于是相如前进缻，因跪请。秦王不肯击缻。相如曰：“五步之内，相如请得以颈血溅大王矣！”左右欲刃相如，相如张目叱之，左右皆靡。于是秦王不怿，为一击缻。相如顾召赵御史书曰：“某月，秦王为赵王击缻。”秦之群臣曰：“请以赵十五城为秦王寿。”相如亦曰：“请以秦之咸阳为赵王寿。”秦王竟酒，终不能加胜于赵。既罢归国，以相如功大，拜为上卿，位在廉颇之右。颇曰：“我为赵将，有攻城野战之功，而蔺相如徒以口舌为劳，而位居我上，且相如素贱人，吾羞，不忍为之下。”宣言曰：“我见相如，必辱之。”相如闻，每朝常称病。已而相如出，望见廉颇，引车避匿。于是舍人相与谏曰：“臣所以去亲戚而事君者，徒慕君之高义也。今君与廉君同列，廉君宣恶言，而君畏匿之，恐惧殊甚，且庸人尚羞之，况于将相乎！臣等不肖，请辞去。”相如固止之，曰：“公之视廉将军，孰与秦王？”曰：“不若也。”相如曰：“夫以秦王之威，而相如廷叱之，辱其群臣，相如虽驽，独何畏廉将军哉？顾吾念之，强秦之所以不敢加兵于赵者，徒以吾两人在也。今两虎斗，其势不俱生。吾所以为此，先公家之急，而后私仇也。”颇闻之，肉袒负荆，因宾客至相如门，谢罪曰：“鄙贱之人，不知将军宽之至此也。”卒相与欢，为刎颈之交。（群书治要·史记）

【译文】廉颇是赵国杰出的将领，蔺相如也是赵国人。赵王同秦王在渑池会见，秦王饮酒酣畅之时，说道：“我听说赵王爱好音乐，请弹一曲瑟吧！”赵王便弹起瑟来。秦国史官走上前来写道：“某年某月，秦王与赵王一起喝酒，秦王令赵王弹瑟。”蔺相如走上前说：“赵王听说秦王擅长秦地的音乐，请允许我献上盆缶，请秦王敲一敲，也好互相娱乐。”秦王生气了，不答应。这时蔺相如捧着瓦缶走上前，跪在秦王面前，请他击缶。秦王不肯。蔺相如说：“您如果不击，我就在这五步之内，让我脖子里的血溅在大王身上！”秦王的侍从人员要杀蔺相如，蔺相如瞪着双眼喝斥他们，侍从们应声退下。当时秦王很不高兴，勉强敲了一下盆缶。蔺相如回头招呼赵国史官写道：“某年某月，秦王为赵王敲瓦缶。”秦国的大臣们说：“请拿出赵国的十五个城邑为秦王贺寿。”蔺相如也说：“请拿出秦国的咸阳城为赵王祝寿。”秦王一直到宴会完毕，始终不能压倒赵王。会见结束，赵王回国后，因为蔺相如功劳大，任命他为上卿，地位在廉颇之上。廉颇说：“我做赵国的将军，有攻城野战的大功，蔺相如只凭三寸之舌，可是职位却在我之上，况且蔺相如本是卑贱的人，我感到羞耻，不甘心自己的职位在他下面。”并扬言说，“我碰见蔺相如，一定要羞辱他。”蔺相如听到了（不肯与廉颇会面），每次该上朝的时候，常常托病不去。过了一些时候，蔺相如外出，远远望见廉颇，连忙调转车子躲避。这时蔺相如的家臣一齐劝他说：“我们离开亲人来投靠您，只因仰慕您崇高的品格。现在您与廉颇职位相等，廉颇口出恶言，可您却怕他、躲他，也害怕得太过分了。就是普通人尚且感到羞耻，何况您是将相呢？我们这些人没有本事，请允许我们离开吧。”蔺相如坚决劝阻他们，说道：“你们看，廉将军与秦王相比，哪一个厉害？”家臣们回答说：“廉将军不如秦王。”蔺相如说：“以秦王那样的威严，我敢于当堂喝斥他，羞辱他的大臣，我即使愚笨无能，难道会害怕廉将军吗？但我考虑到，强大的秦国之所以不敢进兵侵犯赵国，只因为有我们两人在朝。现在两只老虎若互相争斗，势必不能同时生存。我这样做的原因，是以国家的危难为先，而以私人的仇怨为后。”廉颇听到这些话，脱去上衣，露出肩膊，背上荆条，由宾客带路，到蔺相如家里请罪，说道：“我是个浅陋卑薄的人，想不到将军胸怀宽大到如此程度。”两个人终于和好，结成了生死之交。

第五伦尽节

【原文】第五伦，字伯鱼，京兆人也。举孝廉。帝问以政事，大悦，与语至夕。帝谓伦曰："闻卿为吏，篣妇公，不过从兄饭，宁有之耶？"伦对曰："臣三娶妻，皆无父母。少遭饥乱，实不敢妄过人餐。"帝大笑，拜会稽太守。会稽俗多淫祀，好卜筮，人常以牛祭神，百姓财产，以之困匮。其有自食牛肉，而不以荐祠者，发病且死，先为牛鸣，前后郡将莫敢禁。伦到官，移书属县，晓告百姓。其巫祝有依托鬼神，诈怖愚民，皆案验之；有妄屠牛者，吏辄行罚。民初恐惧，或祝诅妄言，伦案之愈急，后遂断绝，百姓以安。伦奉公尽节，言事无所依违。或问伦曰："公有私乎？"对曰："昔人有与吾千里马者，吾虽不受，每三公有所选举，心不能忘，而亦终不用也。吾兄子常病，一夜十往，退而安寝；吾子有疾，虽不省视，而竟夕不眠。若是者，岂谓无私乎？"（群书治要·后汉书）

【译文】第五伦，字伯鱼，京兆人，建武二十七年举孝廉。光武皇帝以政事询问他，非常高兴，与他谈论到晚上。光武帝对伦说："听说你做吏掾时曾用竹板打过你岳父，且不到你堂兄处吃饭，难道真有这些事吗？"伦回答说："臣娶过三房妻子，都没有父母。臣年轻时遭遇饥荒，确实不敢随便吃别人的饭。"光武帝大笑，任伦为会稽郡太守。会稽风俗时兴淫祀（淫祀指越分之祀和未列入祀典之祭），喜爱卜筮，经常杀牛祭神，百姓的财产因此困乏。其中有人自己吃了牛肉却没有用来祭神，生了病，快要死时，先作牛叫声，先后到此任职的太守没有人敢出面禁止这些陋俗。第五伦到会稽任上，即发公文给所属各县，并告知老百姓。巫婆神汉有用鬼神欺骗恐吓、愚弄百姓的，都对其进行审判。有随意杀牛祭神的，官吏都对其加以处罚。老百姓开始有些害怕，有的巫婆神汉背后诅咒，大放厥辞，第五伦的追查越发紧急，以后这种风俗被断绝，老百姓因而过上安宁的日子了。第五伦奉公尽节，说话做事从不受私情左右。有人问伦说："你也有私心杂念吗？"答说："过去有人送我一匹千里马，我虽然没有接受，但每到三公选拔举荐官员的时候，我思想上总对这人念念不忘，可是到底没有任用他啊。我哥哥的孩子曾经生病，我一夜之间十次去看望，回来后才能安稳地睡觉；我的儿子有病，虽然没有去看望，可是成夜却睡不着觉。像这样，难道说我没有私心吗？"

赵武无私

【原文】晋平公过九原而叹曰："嗟乎！此地之蕴吾良臣多矣，若使死者可起也，吾将谁与归乎？"叔向对曰："赵武乎？"公曰："子党于子之师也。"对曰："臣敢言赵武之为人也，立若不胜衣，言若不出口，然其身所举士于白屋下者，四十六人，是其无私德也。臣故以为贤也。"平公曰："善。"（群书治要·新序）

【译文】晋平公路过九原时叹息道："唉！这里埋葬着我们晋国多少杰出的大臣啊，如果能让死者复活，我该带着哪一位一起回朝呢？"叔向答道："大概是赵武吧。"平公说："您偏袒您的老师吧。"叔向答道："臣下冒昧地谈谈赵武的为人吧！他站起来时，好像连衣服的重量都承受不住，说话的时候半天都说不出口，但是他自己一生举荐的贫寒之士有四十六个人，这是他没有个人恩怨呀！臣下因此认为赵武是位贤德之士。"平公说："是的。"

守职第三

克黄复命

【原文】四年，楚子灭若敖氏。其孙箴尹克黄〔箴尹，官名。克黄，子文孙也〕使于齐，还，及宋，闻乱。其人曰：“不可以入矣。”箴尹曰：“弃君之命，独谁受之？君，天也，天可逃乎？”遂归复命，自拘于司败。王思子文之治楚国也，曰：“子文无后，何以劝善？”使复其所。（群书治要·春秋左氏传）

【译文】鲁宣公四年，楚庄王消灭了若敖氏。子文的孙子克黄官拜箴尹，出使齐国，返回时途经宋国，听到了国内动乱的消息。传递消息的人说：“不可以再回到楚国了。”箴尹说：“废弃君主的命令，有哪个人会接受我呢？君主就等于是上天，难道可以逃避天吗？”于是克黄就回到楚国复命，并且把自己绑起来，到刑官那里去投案。楚庄王想起以前子文治理楚国的功劳，于是就对群臣说：“子文如果没有留下后代，用什么来劝人为善？”于是让克黄仍旧担任原来的官职。

解扬成命

【原文】十五年，楚子伐宋，宋人告急于晋。晋侯欲救之。伯宗曰：“不可〔伯宗，晋大夫〕。古人有言曰：‘虽鞭之长，不及马腹〔言非所击〕。’天方授楚，未可与争。虽晋之强，能违天乎？谚曰：‘高下在心〔度时制宜也〕。’川泽纳污〔受污浊也〕，山薮藏疾〔山之有林薮，毒害者所居〕，瑾瑜匿瑕〔匿，亦藏也。虽美玉之质，亦或居藏瑕秽〕，国君含垢，天之道也〔晋侯耻不救宋，故伯宗为说小恶不损大德之喻也〕，君其待之〔待楚衰也〕。”乃止。使解扬如宋，使无降楚，曰：“晋师悉起，将至。”郑人囚而献楚，楚子厚赂之，使反其言，不许，三乃许之。登诸楼车，使呼宋人而告之〔楼车，车上望橹〕。遂致其君命。楚子将杀之，使与之言曰：“尔既许不谷而反之，何故？非我无信，汝则弃之，速即尔刑。”对曰：“臣闻之，君能制命为义，臣能承命为信。义无二信〔欲为义者，不行两信〕，信无二命〔欲行信者，不受二命〕。君之赂臣，不知命也。受命以出，有死无陨〔陨，废队〕，又可赂乎？臣之许君，以成命也〔成君命〕。死之成命，臣之禄也。寡君有信臣〔己不废命也〕，下臣获考〔考，成也〕，死又何求？”楚子舍之以归。（群书治要·春秋左氏传）

【译文】鲁宣公十五年，楚庄王讨伐宋国，宋国派人到晋国告急。晋景公打算发兵救宋。伯宗说：“不可。古人有句话说：‘鞭子虽长，打不到马腹。’如今上天正给楚国强大的机会，我们不可与之争衡。晋国虽然强大，又怎能违背天意呢？俗语说：‘双方较量高低在于心计。’河流湖泽总会容纳浊水，山林、草丛总会藏匿毒物，各种美玉难免藏有瑕疵。因此，国君蒙受一点耻辱，这也是天下常理，君王还是等待时机吧。”于是晋景公停止发兵，派遣解扬到宋国去，让宋国不要投降楚国，并叫他对宋国君臣说：“晋国救宋的军队已全部出发，就要到了。”可是当解扬路过郑国时，郑人却把他囚禁起来献给楚国。楚庄王用重金贿赂解扬，让他对宋国君臣说相反的话，解扬不答应，经过多次劝诱，他才表示答应。楚人令解扬登上楼车，让他呼叫宋人，告诉他们晋国不来救援。然而，解扬却按晋景公的命令对宋人喊话。楚庄王要杀解扬，派人对他说：“你既然答应了寡人，却又背叛寡人，这是何故？不是我不讲信用，而是你抛弃了信用，快接受你应受的刑罚吧！”解扬回答说：“下臣听说，国君能制定正确的命令就是合义，臣下能接受国君的命令就是守信。要合义则不能对双方皆守信，要守信则不能两个命令都接受。君王贿赂下臣，就是不懂得‘命令’的涵义。我接受晋侯的命令而出使，宁死而不能废弃君命，又怎么可以接受贿赂呢？下臣所以答应您，是为了借机完成晋侯的命令。身死而能完成使命，这是臣下的福气。寡君有守信的下臣，下臣又获得了不辱使命的业绩，这样死去，死得其所，还有什么奢求呢？”楚庄王赦免了解扬，放他回国。

丙吉大体

【原文】丙吉，字少卿，鲁国人也。代魏相为丞相。吉本起狱法小吏，及居相位，尚宽大，好礼让。尝出，逢清道群斗者，死伤横道，吉过之不问，掾史独怪之。吉前行，逢人逐牛，牛喘。吉止驻，使骑吏问：“逐牛行几里矣？”掾史谓丞相前后失问。或以讥吉，吉曰：“民斗相杀伤，长安令京兆尹，职所当禁备逐捕，岁竟丞相课其殿最，奏行赏罚而已。宰相不亲小事，非所当于道路问也。方春少阳用事，未可以热，恐牛近行用暑故喘，此时气失节，恐有所伤害也。三公典调和阴阳，职所当忧，是以问之。”掾史乃服，以吉知大体。（群书治要·汉书）

【译文】丙吉，字少卿，鲁国人。接替魏相做丞相。丙吉出身于掌管监狱法规的小官吏，及至身居相位后，主张宽大，喜好礼让。一次他外出时，碰到清扫道路的人发生群斗的事，死者和伤者横躺在路上，丙吉从那里经过而没有过问，其属下的官员感到奇怪。丙吉继续向前走，碰到有人驾车赶牛，牛喘气。丙吉停下车来，让骑马的官吏去问那人赶牛走了多少里路了。下属官员说丞相前后失问（意谓该问的事不问，不该问的事却问）。有人用此事讥笑丙吉，丙吉说："民众斗殴，相互杀伤，长安县令、京兆尹应按其职责去防止或追捕，丞相只在年终考核他们的政绩，谁在最后谁在最前，然后奏明皇上进行赏罚而已。宰相不亲自管理小事，那些斗殴之事是不应在道路上过问的。现在正是春天，时令当属'少阳'，还不到大热之时，我担心牛行程不远却如暑天一样热得喘气，这样的话，就是时令节气失调，恐怕有伤害农事的可能。朝廷三公掌管调和阴阳的事，是职责所应当予以考虑的，因此要过问这件事。"属下官员们于是很佩服他，认为丙吉是识大局之才。

郅恽守职

【原文】郅恽，字君章，汝南人也。举孝廉，为上东城门候。帝常出猎，车驾夜还，恽拒关不开。帝令从者见面于门间，恽曰："火明辽远。"遂不受诏。帝乃回，从东中门入。明日，恽上书谏曰："陛下远猎山林，夜以继昼，其如社稷宗庙何？暴虎冯河，未至之诫，诚小臣所窃忧也。"书奏，赐布百匹，贬东中门候为参封（旧无封字，补之）尉。（群书治要·后汉书）

【译文】郅恽，字郡章，汝南郡人。举孝廉，做洛阳上东门候。光武帝经常出城打猎，有一次车驾夜间才回城，郅恽拒不开门放进。光武帝命跟从的人到门缝见面，郅恽说："火光太遥远（看不清是谁）。"还是不接受诏令。光武帝于是返回，改从东中门入城。第二天，郅恽上书谏曰："陛下远猎山林，夜以继日，这对社稷宗庙有何益处？空手搏虎，徒步渡河，冒险出猎，尽管没有发生值得警戒的意外，但实在是小臣所私下担忧的啊。"书奏，赐布百匹，贬东中门候为参封尉。

苏则死请

【原文】苏则，字文师，扶风人也。为金城太守。文帝问则曰："前破酒泉、张掖，西域通使，敦煌献径寸之珠，可复求市益得不？"对曰："若陛下化洽中国，德流沙漠，即不求自至。求而得之，不足贵也。"帝嘿然。后从行猎，槎桎拔，失鹿，帝大怒，踞胡床拔刀，悉收督（旧无督字，补之）吏，将斩之。则稽首曰："臣闻古之圣王不以禽兽害人。今陛下方隆唐尧之化，而以猎戏多杀群吏，愚臣以为不可。敢以死请！"帝曰："卿，直臣也。"遂皆赦之。然以此见惮，左迁河东相。（群书治要·三国志）

【译文】苏则，字文师，扶风人，时任金城郡太守。文帝问苏则说："前些时攻破酒泉郡、张掖郡，和西域互通使节，敦煌郡所献直径一寸的大宝珠，能否再买到呢？"苏则回答说："如果陛下的教化能滋润中原，恩德能流布到西北边境，宝珠就会不求自来。如果通过自己寻求而得，宝珠就不足珍贵了。"文帝听后，默然无语。后来苏则陪同文帝打猎。围猎的篱笆拔脱，鹿逃走了。文帝大怒，脚踩胡床拔出佩刀，下令将监督猎场的官吏全抓起来，打算处死他们。苏则跪地叩拜，说："为臣听说前代的圣明君王不为禽兽而杀人，现在陛下正推崇唐尧的教化，却因打猎的游戏要杀死很多官吏，愚臣认为绝对不能这样，所以斗胆用我的生命来求情！"文帝说："你真是正直的大臣啊！"便将那些官吏全部赦免。然而苏则也因此让文帝感到畏惧，便将他降职调任东平国相。

陈矫亮直

【原文】陈矫，字季弼，广陵人也。迁尚书令。明帝尝卒至尚书门，矫跪问帝曰：“陛下欲何之？”曰：“欲案行文书耳。”矫曰：“此自臣职分，非陛下所宜临也。若臣不称其职，则请就黜退。陛下宜还。”帝惭，回车而反。其亮直如此。（群书治要·三国志）

【译文】陈矫，字季弼，广陵郡（东阳县）人。出任尚书令。一次，明帝的车驾突然来到尚书台的大门，陈矫跪在地上问道：“陛下准备到哪里去？”明帝说：“我想到尚书台检查文书案卷。”陈矫说：“这是为臣的职责，不适合陛下您亲自办理。要是陛下认为我不称职，请您罢免我的官职。陛下最好还是回去吧。”明帝感到很惭愧，调转车头回皇宫去了。陈矫为人就是这样坦荡正直。

吕范见信

【原文】吕范，字子衡，汝南人也。迁前将军。初，策使范典主财计，权时年少，私从有求，范必关白，不敢专许，当时以此见望。权守阳羡长，有所私用，策或料覆，功曹周谷辄为传著簿书，使无谴问，权临时悦之。及后统事，以范忠诚，厚见信任；以谷能欺更簿书，不用也。（群书治要·三国志）

【译文】吕范，字子衡，汝南郡（细阳县）人。孙权提升他为前将军。当初，孙策让吕范主管自己的财务，孙权当时还年轻，私下向他要财物时，吕范总要向孙策报告，不敢擅自许可，为此也曾受到孙权的怨恨。孙权代理阳羡县长职务时，曾私用财物，孙策有时会核查，县政府的功曹周谷，总是（替孙权掩盖而）虚报账目，使孙权不致遭到责备。孙权那时也喜欢周谷。到孙权后来统管大事，因吕范的忠诚而倍加信任，因周谷能对账目作欺骗性更改，所以不用他。

晏子侍君

【原文】晏子侍于景公，朝寒，曰："请进暖食。"对曰："婴非君奉馈之臣也，敢辞。"公曰："请进服裘。"对曰："婴非君茵席之臣也，敢辞。"公曰："然夫子之于寡人，何为者也？"对曰："社稷之臣。"公问："社稷之臣若何？"对曰："能立社稷，别上下之义，使当其理；制百官之序，使得其所；作为辞令，可布于四方也。"自是之后，君不以礼，不见晏子。（群书治要·晏子）

【译文】晏子陪伴着齐景公。早晨的天气非常寒冷，景公便说："请给我盛碗热饭！"晏子说："我不是为您端饭的臣子，因此，不能接受您的命令。"景公又说："请给我拿衣服皮褥！"晏子接着说："我不是负责您穿衣铺席的臣子，因此，仍不能接受您的命令。"景公反问道："既然如此，那您为我做什么呢？"晏子答道："我是社稷之臣。"景公继续问道："何谓社稷之臣？"晏子说："能够稳定国家，区别上下之所宜，使做事合乎其原则；规定百官的等级，让他们各得其所；所言辞令，可传布四方。"从此以后，景公凡有按礼仪不应由晏子去做的事，就不找晏子。

进谏第四

三臣谏纣

【原文】微子开者，纣之庶兄也。纣既立，不明，淫乱于政，微子数谏。箕子者，纣亲戚也。纣为象箸，箕子叹曰：“彼为象箸，必为玉杯；为玉杯，则必思远方珍怪之物而御之矣。舆马宫室之渐自此始，不可振也。”纣为淫泆，箕子谏，不听，乃被发佯狂。王子比干见箕子谏不听，乃直言谏纣，纣怒曰：“吾闻圣人之心有七窍，信有诸乎？”乃遂杀王子比干，刳视其心。微子曰：“人臣三谏不听，则其义可以去矣。”于是遂行。周公诛武庚，乃命微子代殷后，奉其先祀曰宋。（群书治要·史记）

【译文】微子，是纣王的庶兄。纣登位后，昏暗无道，政事荒唐纷乱，微子多次劝谏。箕子是纣的亲戚。纣王开始使用象牙筷子时，箕子叹息说：“他既然使用象牙筷子，接下来必会使用玉杯；使用了玉杯，就一定想得到远方珍贵奇异的器物来使用了。从此开始，车马宫室将逐渐奢侈华丽，国家将无法挽救了。”纣荒淫放纵，箕子进谏，他不听。于是箕子便披头散发，假装疯癫。王子比干看见箕子进谏而纣王不听，于是直率地劝谏纣王。纣发怒说：“我听说圣人的心脏有七个孔，果真有这样的事吗？”于是杀死王子比干，剖开胸腔验看其心脏。微子说：“臣子屡次进谏君王不听，那么，就义而言，可以离开了。”于是，微子就走了。周公诛杀武庚后，就命令微子代替武庚作为殷朝的后嗣，奉行对殷朝祖先的祭祀，其封国叫作宋。

周舍愕愕

【原文】赵简子有臣曰周舍，立于门下三日三夜。简子使问之曰："子欲见寡人何事？"周舍对曰："愿为愕愕之臣，墨笔操牍，从君之过，而日有记也，月有成也，岁有效也。"简子居则与之居，出则与之出。居无几何，而周舍死。简子后与诸大夫饮于洪波之台，酒酣，简子涕泣，诸大夫皆出走曰："臣有罪而不自知也！"简子曰："大夫无罪。昔者吾友周舍有言，曰：'千羊之皮，不若一狐之掖；众人之唯唯，不若直士之愕愕。'昔者纣默默而亡，武王愕愕而昌。今自周舍之死，吾未尝闻吾过也，吾亡无日矣，是以寡人泣也。"（群书治要·韩诗外传）

【译文】赵简子有个臣子叫周舍，在赵简子门下站了三天三夜。赵简子派人去问他，说："你想见我有什么事？"周舍回答说："希望做一个直言敢谏的臣子，手拿着笔墨竹简，跟随在君主的后面，对君主的过错，每天都有记载，每月都有集成，每年都有效验。"从此以后，简子生活在哪里，周舍就与他一起生活在哪里；简子出行，周舍与他一起出行。过了不久，周舍死了。后来赵简子与各位大夫一起在洪波台饮酒，喝到正高兴的时候，简子哭泣起来。诸位大夫都离座要走，说："我们有罪，但是我们不知道自己有什么罪。"简子说："各位大夫都没有罪。过去我的朋友周舍有言，说：'一千张羊皮，不如一片狐腋；有许多人唯唯诺诺，不如一个贤良士人的直言相谏。'过去商纣王的臣子都默默无言，结果商朝灭亡了；周武王的臣子都直言敢谏，结果周朝兴盛起来。自从周舍死了以后，我就没有听到过我的过失了。我的灭亡没有多久了，因此我才悲泣。"

史鱼正君

【原文】卫蘧伯玉贤，而灵公不用；弥子瑕不肖，而反任之。史鱼骤谏，公不从。史鱼病将卒，命其子曰："吾在公朝，不能进蘧伯玉退弥子瑕，是吾为臣不能正君也。生而不能正君，死不可以成礼矣。吾死，汝置尸牖下，于我毕矣〔毕，犹足也；礼，殡于客位〕。"其子从之。灵公吊焉，怪而问之，其子以其父言告公，公愕然失容，曰："是寡人之过也。"于是命之殡于客位，进蘧伯玉而用之，退弥子瑕而远之。孔子闻之曰："古之烈谏者，死则已矣，未有若史鱼死而尸谏，忠感其君者也，可不谓直乎！"（群书治要·孔子家语）

【译文】卫国的蘧伯玉德才兼备，可灵公却不任用他；弥子瑕无德无才，却反而任用了他。史鱼极力进谏，灵公也不采纳。史鱼生病将要去世时，嘱咐他的儿子说："我在朝廷，未能使蘧伯玉入朝为官，也未能罢免掉弥子瑕，这是我作为大臣却没有匡正国君。活着不能匡正国君，死后就不能用正常的礼仪了。我死后，你把尸体放置在窗户下，对我就足够了。"他的儿子按照他的意见办了。灵公前来吊唁史鱼时，奇怪地问这件事，他的儿子就把父亲的话告诉了灵公。灵公愕然失色，说："这是寡人的过错啊。"于是命令按宾客的礼仪安葬了史鱼，提拔任用了蘧伯玉，免去弥子瑕的职务并疏远了他。孔子听说了这件事后说："古代声名显赫的进谏者，死后也就结束了，没有像史鱼这样死后还要借尸体来进谏，以忠诚感动其国君的人啊，能不说他为官正直吗！"

优孟善谏

【原文】优孟者，楚优人也。庄王之时，有爱马，衣以文绣，置之华屋之下，席以露床，啖以枣脯。马病肥死，使以大夫礼葬之。下令，有谏者死。优孟入门大哭曰：“马者，王之所爱也，以楚国堂堂之大，何求不得，而以大夫礼葬之薄，请以人君礼葬之。以雕玉为棺，文梓为椁，发卒穿圹，老弱负土，庙食太牢，奉以万户。诸侯闻之，皆知大王贱人而贵马。”王曰：“寡人过一至此乎！为之奈何？”孟曰：“请为大王六畜葬之人腹肠。”于是王乃使以马属大官，无令天下久闻也。楚相孙叔敖死，其子穷困负薪。孟即为敖衣冠，抵掌谈语〔抵掌，谈说之容则也〕。岁余，像孙叔敖。王大惊，以为叔敖复生也，欲以为相。孟曰：“楚相不足为也。如孙叔敖之为楚相，尽忠为廉以治楚，楚得以霸。今死，其子无立锥之地，贫困负薪，以自饮食。楚相不足为也。”于是庄王谢优孟，乃召叔敖子，封之寝丘。（群书治要·史记）

【译文】优孟是楚国的艺人。楚庄王在位的时候，有一匹心爱的马，给它穿上带花纹的锦绣衣服，安置在华丽的房子里，用设有帷帐的床给它做卧席，用蜜渍的枣干喂养它。结果这匹马得了肥胖病死掉了，又要求按照安葬大夫的礼仪安葬它。庄王还下令说：“有谁敢因葬马的事谏诤，就处死刑。”优孟听到这件事，走进宫门，大哭说：“马是大王所心爱的，凭堂堂的楚国，有什么办不到的，请按照国君的葬礼来安葬它！我请求用雕花的美玉做棺材，用细致的梓木做外椁，发动士兵给它挖掘墓穴，让年老体弱的人背土筑坟，盖一所庙宇，用牛、羊、猪祭祀，拨个万户的大县来供奉。诸侯听到这件事，就知道大王轻视人而重视马呀！”庄王说：“我的过错竟然严重到了这个地步，那该怎么办呢？”优孟说：“让我替大王用对待六畜的办法把它安葬在人们的肠胃里。”于是，庄王就派人把死马交给太官，并叫大家以后不要再提这件事了。楚国宰相孙叔敖死了，他的儿子贫困到靠背柴出卖度日。优孟就缝制了孙叔敖生前穿的那种衣服和帽子穿戴着，模仿孙叔敖生前的举止言谈。一年多后，活像孙叔敖。楚庄王见了大吃一惊，以为孙叔敖复活了，打算任他做宰相。优孟说："楚国的宰相做不得！像孙叔敖那样做楚国的宰相，尽忠廉洁地治理楚国，使楚王得以称霸诸侯，如今死了，他的儿子连立锥之地都没有，贫困到靠背柴出卖维持生活。楚国的宰相做不得！”于是，庄王对优孟的良苦用心表示感谢，便召见孙叔敖的儿子，把寝丘之地封赐给他。

一食三叹

【原文】梗阳人有狱，魏戊不能断，以狱上〔上魏子〕。其大宗赂以女乐〔讼者之大宗〕，魏子将受之。魏戊谓阎没、女宽〔二人，魏子属大夫〕曰：“主以不贿闻于诸侯，若受梗阳人，贿莫甚焉。吾子必谏！”皆许诺。退朝，待于庭〔魏子之庭〕。馈入，召之〔召二大夫食〕。比置，三叹。魏子曰：“吾闻诸伯叔，谚曰：‘唯食忘忧。’吾子置食之间三叹，何也？”同辞而对曰：“或赐二小人酒，不夕食〔言饥甚〕。馈之始至，恐其不足，是以叹。中置，自咎曰：‘岂将军食之而有不足？’是以再叹。及馈之毕，愿以小人腹，为君子心，属厌而已〔属，足也，言小人之腹饱，犹知厌足，君子心亦宜然〕。”献子辞梗阳人〔言魏氏所以兴〕。（群书治要·春秋左氏传）

【译文】梗阳的人有诉讼案件，魏戊不能决断，于是就把案件上报魏献子。诉讼方的亲族用女乐（歌舞伎）来贿赂魏献子。正当魏献子打算接受时，魏戊就对魏献子属下的大夫阎没、女宽说：“主公以清廉闻名于诸侯，现在假如接受梗阳人的女乐，这将是最大的受贿，您二位一定要劝谏！”阎没、女宽二人都答应了。退朝以后，他俩就站在魏献子邸宅的院子里。不久，下人送饭菜进来，魏献子叫他俩进屋吃饭。等到摆放饭菜时，两个人三次叹气。魏献子说：“我从伯父叔父那里听过，谚语说：‘人在吃饭时，要忘却一切烦恼！’你们俩在摆放饭菜时，一连三次叹息，这是为什么呢？”二人异口同声地回答说：“大概是您赐给我们两个酒饭，可我们昨天没有吃晚饭。所以在饭菜刚端上来时，恐怕不够吃，因此叹气。饭菜上了一半，就心中自责说：‘难道将军赐我们酒饭，还会不够吃吗？’因此再次叹气。等到饭菜上完，（第三次叹气）是希望把我俩的小人之心换为君子之心，凡事知足就好了。”魏献子听了这番含蓄的劝谏之后，就拒绝了梗阳人的贿赂。

杜蒉扬觯

【原文】知悼子卒，未葬〔悼子，晋大夫，荀盈也〕，平公饮酒，师旷、李调侍，鼓钟。杜蒉自外来，历阶而升堂，酌，曰：“旷饮斯！”又酌，曰：“调饮斯！”又酌，堂上北面坐饮之，降，趋而出〔三酌，皆罚爵〕。平公呼而进之，曰：“蒉！尔饮旷何也？”曰：“子卯不乐〔纣以甲子死，桀以乙卯亡，王者谓之疾日，不以举乐，所以自戒惧也〕。知悼子之丧在堂，未葬，斯其为子卯也大矣〔言大夫丧重于疾日〕。旷也大师也，不以诏，是以饮之〔诏，告也。太师，典司奏乐也〕。”“尔饮调何也？”曰：“调也，君之亵臣也，为一饮一食，忘君之疾，是以饮之〔言调贪酒食也。亵，嬖也。近臣亦当规君。疾，忧也〕。“尔饮何也？”曰：“蒉也宰夫也，非刀匕是供，又敢与知防，是以饮也〔防，禁放溢者也〕。”平公曰：“寡人亦有过焉，酌而饮寡人〔闻义则服〕！”杜蒉洗爵而扬觯〔举爵于君〕。公谓侍者曰：“如我死，则必无废斯爵〔欲后世以为戒〕！”至于今，既毕献，斯扬觯，谓之杜举〔此爵遂因杜蒉为名，毕献，献宾与君也〕。（群书治要·礼记）

【译文】晋国大夫知悼子死了，还未下葬，晋平公却喝起酒来。师旷、李调作陪，且敲钟奏乐。杜蒉从外面进来，经过台阶进入庭堂，倒了一杯酒说：“旷，喝了这杯酒。”又倒了一杯说：“调，喝了这杯酒。”再倒上一杯，于堂中面北坐着一饮而尽，然后走下台阶，快步走了出去。平公喊他进来，说：“你为什么让师旷喝酒呢？”答道：“甲子、乙卯是忌日，不能奏乐。知悼子的灵柩在堂，尚未出葬，这比甲子、乙卯之日还重大得多。旷是掌乐的大师，不把这些告诉你，所以罚他喝酒。”“你为什么又要调喝酒呢？”答道：“调是你的近臣，为了一点吃喝，忘却君主的忧苦，所以罚他喝酒。”“你为什么自己也饮酒呢？”答道：“我是个家臣，明知这不是供给刀匕之类的分内事，却敢于提醒二位应知道禁戒，所以也该罚一杯。”平公说：“我也有过错，请倒酒，也罚我饮一杯。”杜蒉洗过酒杯，将杯高举。平公对侍者说：“即使将来我死了，也不准丢弃这个杯子。”直到现在，人们把饮完敬酒后高举酒杯的动作叫作“杜举”。

刖跪击马

【原文】景公正昼被发，乘六马御妇人以出正门，刖跪击马而反之，曰：“尔非吾君也。”公惭而不朝。晏子入见，景公曰：“昔者寡人有罪，被发乘六马以出正门，刖跪击马而反之，曰：‘尔非吾君也。’寡人以子大夫之赐，得率百姓以守宗庙，今见戮于刖跪，以羞社稷，吾犹可以齐于诸侯乎？”晏子对曰：“君勿恶焉！臣闻之，下无直辞，上有惰君；民多讳言，君有骄行。古者明君在上，下多直辞；君上好善，民无讳言。今君有失行，而刖跪禁之，是君之福也，故臣来庆。请赏之，以明君之好善；礼之，以明君之受谏。”公笑曰：“可乎？”晏子曰：“可。”于是令刖跪倍资无征，时朝无事。（群书治要·晏子）

【译文】一天正午，景公披散着头发，乘着六马大车，载着一位妇人要出宫门，被断足的守门人袭击马匹，让其返回宫内，并说：“您这个样子可不是我们的君主啊！”景公感到很惭愧，因而第二天没有上朝。晏子进宫拜见，景公说：“昨天，我有过错，我披散着头发，乘着六马大车要出宫门，被断足的守门人袭击马匹，让我返回宫内，并说：‘您这个样子可不是我们的君主啊！’大夫，我因您的赐教，得以率领百姓守住了祖庙，如今受到被砍脚的守门人的羞辱，使国家蒙受耻辱，我还能跟诸侯们平等吗？”晏子说：“君主不要厌恶守门人。我听说，如果属下没有正直的言辞，上边就会有懈怠的君主；如果百姓多有忌讳之言，君主就会有放纵的行为。古时英明的君主在位，下边就多有正直的言辞；君主好善，百姓就没有忌讳的话。如今您有失礼行为，而被砍了脚的守门人制止了，这是您的福气啊！因此，我来恭贺您，请您赏赐他，以表明君主喜欢良言；请您尊敬他，表明君主接受劝谏。”景公笑着说：“可以这样做吗？”晏子说：“当然可以。”于是，景公下令加倍赏赐被砍了脚的守门人，并免除了他家的赋税。此后一段时间，朝廷平安无事。

杀马三罪

【原文】景公使养所爱马暴病死，公令（令原作命）人操刀解养马者。是时晏子侍前，左右执刀而进，晏子止之而问于公曰："敢问古时尧舜支解人，从何躯始？"公惧焉，遂止，曰："以属狱。"晏子曰："请数之，使自知其罪，然后致之狱。"公曰："可。"晏子数之曰："尔有三罪：公使汝养马杀之，当死罪一也。又杀公之所（旧无所字，补之）最善马，当死罪二也。使公以一马之故杀人，百姓闻之，必怨吾君；诸侯闻之，必轻吾国；汝杀公马，使怨积于百姓，兵弱于邻国，汝当死罪三也。今（今原作令）以属狱。"公喟然曰："赦之。"（群书治要·晏子）

【译文】景公让马夫喂养自己喜爱的马，但马得急病死了。景公大怒，命令侍卫拿刀肢解马夫。此时，晏子正好陪伴景公，看见侍卫手握钢刀往前走去，晏子制止侍卫并问景公："请问古时候尧、舜肢解活人，先从身体的哪一部分开始呢？"景公猛然恐惧起来，遂下令停止，并说："将他交给狱吏治罪。"晏子说："请允许我数说他的罪状，让其知道自己的罪过，然后再交给狱吏治罪。"景公说："可以。"晏子对马夫说道："你的罪状有三条：君主让你养马，你却将马给养死了，应当判死罪，这是一条；你养死了君主最喜爱之马，当判死罪，此其二也；因为你，使君主因一匹马病死的缘故而杀人，百姓听后一定怨恨我们君主，诸侯听后一定轻视我们的国家，因为你养死了君主之马，致使百姓对君主积下怨恨，使军队（因丧失一匹良马）弱于邻国，你当判死罪，此其三也。现在可以将他交给狱吏治罪了。"景公有悟，叹息说："放了他吧！"

咎犯夜哭

【原文】文公反国至河，令："笾豆捐之，席蓐捐之，手足胼胝、面目黧黑者后之。"咎犯闻之而夜哭。文公曰："咎氏不欲寡人之反国耶？"对曰："笾豆，所以食也，而君捐之；席蓐，所以卧也，而君弃之；手足胼胝、面目黧黑，劳有功者也，而君后之。今臣与在后中，不胜其哀，故哭也。且臣为君行诈伪以反国者众矣，臣尚自恶也，而况于君乎！"再拜而辞。文公止之，乃解左骖而盟于河。（群书治要·韩子）

【译文】晋文公返回晋国，到了黄河边，下令说："把盛食物的器具扔掉，把睡卧用的草席扔掉，随员中手脚长有老茧的和面目黑瘦之人排到随行队伍的后面。"文公的舅父子犯听到这话后终夜哭泣。文公知道后询问道："舅舅不希望我返回晋国吗？"子犯回答说："食具，是用来进食的，您让扔掉；草席是用来睡觉的，您让扔掉；手脚长老茧者、面目黑瘦者，都是跟随您劳苦有功的人，而您让他们排到后面去。现在，我也该排在后面的人中，心中不胜悲哀，所以哭泣呀。况且我为您能返回晋国，曾采用了许多诈伪的手段，我自己都觉得很丑恶，何况君王您呢！"说完，再三行礼告辞。文公留下他，并且宰杀左边驾车之马，与众人在河边盟誓，永不相弃。

师经撞桀

【原文】师经鼓琴，魏文侯起舞，赋曰："使我言而无见违。"师经援琴而撞文侯，不中，中旒溃之。文侯顾谓左右曰："为人臣而撞其君，其罪何如？”左右曰：“罪当烹。”提师经下堂一等。师经曰：“臣可得一言而死乎？”文侯曰：“可。”师经曰；“昔尧舜之为君也，唯恐言而人不违；桀、纣之为君也，唯恐言而人违之。臣撞桀、纣，非撞吾君也。”文侯曰：“释之，是寡人之过也。悬琴于城门，以为寡人符；不补旒，以为寡人戒。”（群书治要·说苑）

【译文】乐工师经奏琴，魏文侯欣然起舞，吟诵道：“让我的言语不要被人违背吧！”师经一听此话，便操起琴去撞击魏文侯，没有撞上，只撞在文侯冕冠的玉串上，玉串给撞散了。魏文侯环顾左右臣僚说：“作为臣子竟敢撞击他的君王，该当何罪？”左右的臣僚说：“罪当受烹刑。”于是，武士将师经押下朝堂。才下了一级台阶，师经说：“我可再说一句话然后受死吗？”文侯说：“可以。”师经说：“从前尧、舜做君王，只怕自己的言语没有人违抗；桀、纣做君王，唯恐自己的言语被人违抗。我撞击的只是夏桀、商纣这样的暴君，并没有撞击我们的君王。”魏文侯说：“放开他吧，这是我的过错。把这张琴悬挂在城门上，用来作为我有过错而被撞击的凭证，也不要修补冕冠上的玉串，用来作为我的鉴戒。”

一言以教

【原文】魏公子牟东行，穰侯送之曰：“先生独无一言以教冉乎？”公子牟曰：“夫官不与势期，而势自至；势不与富期，而富自至；富不与贵期，而贵自至；贵不与骄期，而骄自至；骄不与罪期，而罪自至；罪不与死期，而死自至。”穰侯曰：“善。”（群书治要·说苑）

【译文】魏公子牟将到东方去，穰侯为他送行，说："先生（将要离去），难道不留一句话来教诲我吗？"魏公子牟说："（你要知道）官位并不与权势相约，而权势自己就会来到；权势不与财富相约，而财富自己就会来到；财富不与尊贵相约，而尊贵自己就会来到；尊贵不与骄纵相约，而骄纵自己就会来到；骄纵不与罪过相约，而罪过自己就会来到；罪过不与死亡相约，而死亡就会来到。"穰侯说："讲得好！"

保申笞主

【原文】荆文王得茹黄之狗、宛路之矰〔矰，弋射短矢也〕，以田于云梦〔田，猎也；云梦，楚泽也〕，三月不反；得丹之姬，淫，期年不听朝〔淫，惑〕。保申曰："先王卜以臣为保，吉〔保，大保官；申，名〕。今王之罪当笞。"王曰："愿请变更而无笞。"保申曰："臣承先王之令，不敢废也。王不受笞，是废先王之令也。臣宁抵罪于王，毋抵罪于先王。"王曰："诺。"引席王伏，保申束细荆五十，跪而加之于背，如此者再，谓："王起矣。"王曰："有笞之名一也。遂致之〔遂痛致之〕。"保申曰："臣闻君子耻之，小人痛之，耻之不变，痛之何益？"保申起，出请死。文王曰："此不谷之过也，保申何罪？"王乃变，更召保申，杀茹黄之狗，折宛路之矰，放丹之姬。务治荆国，兼国三十九。令荆国广大，至于此者，保申之力也，极言之功也。（群书治要·吕氏春秋）

【译文】楚文王得到"茹黄"这种好狗和"宛路"这种好箭，带到云梦泽去打猎，三个月不回来；又得到丹地的美女，迷恋女色而整年不处理朝政。太保官申说："先王占卜后说，让我做太保官则吉祥。现在大王您的罪过应当受鞭笞。"文王说："希望你改变处罚，不要用鞭刑。”太保申说：“我秉承先王的法令，不敢废除。大王不受鞭刑，就是废除先王的法令呀。我宁可得罪于您，也不能得罪于先王。”文王说：“好吧。”于是拉出席子，让文王趴在上面。太保申捆了五十根细荆条，跪着把它放在文王背上，这样做了两次，说：“大王请起来！”文王说：“这同鞭笞的名义是一样的。还是打得痛一些吧！”太保申说：“我听说对于受刑，君子感到耻辱，小人感到疼痛。如果使其耻辱都不能改正错误，那么打疼他又有何益？”太保申起身，走出门外，请文王处死自己。文王说：“这是我的过错，太保申你有什么罪过呢？”于是，文王改正错误，召回太保申，杀死茹黄狗，折断宛路箭，放逐丹地美女，努力治理楚国，兼并了三十九个封国。使楚国疆土广阔到这种程度，这是太保申的功劳，是冒死进言劝谏的效果啊。

周昌直谏

【原文】周昌，沛人也，为御史大夫。为人强力，敢直言，自萧、曹等，皆卑下之。昌尝燕入奏事〔以上宴时入奏事也〕，高帝方拥戚姬，昌还走。高帝逐得，骑昌项，问曰：“我何如主？”昌仰曰：“陛下即桀、纣之主也。”于是上笑之，然尤惮昌。及高帝欲废太子，大臣固争，莫能得，而昌庭争之强。上问其说，昌为人吃，又盛怒，曰：“臣口不能言，然臣心知其不可。陛下欲废太子，臣期期不奉诏。”上欣然而笑，太子遂定。（群书治要·汉书）

【译文】周昌，沛县人，任御史大夫。为人坚忍而有毅力，敢于直言，即使萧何、曹参这些人都比不上他。周昌曾经在高帝休息的时候进宫禀报事情，高帝正搂抱着戚夫人，周昌转身就跑，高帝追上去抓住，骑在周昌的脖子上问道：“我是怎样的君主？”周昌仰着头说："陛下是桀纣一样的君主。"于是高帝笑了，然而却更加畏惧周昌。及至高帝想要废掉太子刘盈时，大臣们坚决劝阻，但没有谁能办到，而周昌在朝堂上争辩得最厉害。高帝问他(不能废太子刘盈)的理由，周昌本有口吃的毛病，又非常恼怒，说："我嘴上说不上来，可是我心里知道这不行。陛下要废掉太子，臣肯定、肯定不听从诏命！"高帝欣然而笑，太子的地位遂得以稳固。

陆贾进言

【原文】陆贾，楚人也，有口辩，常居左右，时时前说称诗书。高帝骂之曰："乃公居马上得之，安事诗书！"贾曰："马上得之，宁可以马上治乎？且文武并用，长久之术也。昔者吴王夫差、智伯，极武而亡；秦任刑法不变，卒灭赵氏〔秦之先造父，封于赵城，其后曰赵氏〕。向使秦已并天下，行仁义，法先圣，陛下安得而有之？"高帝不怿，有惭色，谓贾曰："试为我著秦所以失天下，吾所以得之者，及古成败之国事。"贾凡著十二篇，每奏一篇，高帝未尝不称善，称其书曰《新语》。(群书治要·汉书)

【译文】陆贾，楚地人，有辩才，常在高皇帝左右，每进言时常引用《诗经》和《尚书》的话。高帝骂他说："老子是在马上取得天下的，哪里用得着《诗经》《尚书》上的那些话！"陆贾说："在马上取得天下，难道可以在马上治理天下吗？况且能够文武并用，才是长治久安的办法啊。昔日吴王夫差和智伯一味使用武力，结果都亡了国；秦朝施用严刑峻法不加改变，终于使自己灭亡(秦的先祖造父，封于赵城，后人称其为赵氏)。当时如果秦统一天下后，奉行仁义，效法古代的圣王，陛下怎么能够取得天下？"高帝听了不太高兴，面有惭色，向陆贾说："你试为我论述秦朝之所以失天下、我之所以得天下的原因，以及古代成败的各国史事。”陆贾共著述了十二篇奏议，每奏一篇，高帝没有不称赞的，就命名陆贾的书叫《新语》

朱云槛折

【原文】朱云，字游，鲁人也。成帝时，故丞相安昌侯张禹，以帝师位特进，甚尊。云上书求见，公卿在前。云曰：“今朝廷大臣，上不能匡主，下无以益民，皆尸位素餐，孔子所谓‘鄙夫不可与事君’、‘苟患失之，亡所不至’者也。臣愿赐尚方斩马剑，断佞臣一人，以厉其余。”上问：“谁也？”对曰：“丞相安昌侯张禹。”上大怒，曰：“小臣居下讪上，廷辱师傅，罪死不赦。”御史将云下，云攀殿槛，槛折。云呼曰：“臣得下从龙逄、比干游于地下，足矣！未知圣朝何如耳？”御史遂将云去。于是左（旧无左字，补之）将军辛庆忌免冠解印绶，叩头殿下曰：“此臣素著狂直于世。使其言是，不可诛；其言非，固当容之。臣以死争。”庆忌叩头流血。上意解，然后得已。及后当治殿槛，上曰：“勿易！因而辑之，以旌直臣。”云自是之后不复仕。（群书治要·汉书）

【译文】朱云，字游，鲁地人。成帝时，原丞相安昌侯张禹，曾做过成帝的老师，赐封特进之位，很是尊贵。朱云上书求见成帝，公卿们都在朝堂之上。朱云说：“当今朝廷的大臣，对上不能匡正皇上过失，对下没有利民之策，都是白吃俸禄的人，正如孔子所说的‘庸人是不可以与之侍奉皇帝的’、‘如果担心失掉官位，就会什么事都干得出来’。我希望皇上赐予我尚方署所造的斩马宝剑，斩杀一个巧言谄媚之臣，来警告激励其他的人。”成帝问：“你要斩杀的人是谁？”朱云回答说：“就是丞相安昌侯张禹。”

成帝大怒，说："你一个小臣，身处低下之位而敢毁谤上级重臣，当廷侮辱帝师，其罪当死，不可赦免。"御史拖朱云下殿，朱云手抓住殿旁的栏杆，栏杆被折断。朱云大声喊道："我能去跟随龙逢、比干游于九泉，也就够了！但不知道国家前途将会如何呀？"御史便将朱云抓走。这时候左将军辛庆忌卸下官帽、解下官印，在殿下叩头说："朱云这人平日以狂直著称于当世。假使他说的话有道理，就不可以杀；他的话没有道理，本来就该宽恕他。我愿以一死来谏争。"辛忌庆叩头流血。成帝的怒气逐渐缓解下来，终于赦免了朱云。到后来该修复殿上的栏杆时，成帝说："不要换掉折断的栏杆，照原样补好它就行了，用此来表彰直言之臣。"朱云从此以后，不再做官。

杜袭善谏

【原文】杜袭，字子绪，颍川人也。为侍中。将军许攸拥部曲，不附太祖而有谩言。太祖大怒，先欲讨之。群臣多谏："可招怀攸，共讨强敌。"太祖横刀于膝，作色不听。袭入欲谏，太祖逆谓之曰："吾计已定，卿勿复言之。"袭曰："若殿下计是耶，臣方助殿下成之。若殿下之计非耶，虽成宜改之。殿下逆臣令勿言，何待下之不阐乎？"太祖曰："许攸慢吾，如何可置乎？"袭曰："殿下谓许攸何如人耶？"太祖曰："凡人也。"袭曰："夫唯贤知贤，唯圣知圣，凡人安能知非凡人邪？方今豺狼当路而狐狸是先，人将谓殿下避强攻弱，进不为勇，退不为仁。臣闻千石之弩不为鼷鼠发机，万钧之钟不以莛撞起音。今区区之许攸，何足以劳神武哉？"太祖曰："善。"遂厚抚攸，攸即归服。（群书治要·三国志）

【译文】杜袭，字子绪，颍川郡（定陵县）人。魏国建立，杜袭担任侍中。当时将军许攸拥有大量私兵，不肯归附太祖，而且说了许多对太祖不恭敬的话。太祖大怒，准备先去讨伐许攸。大臣们多数劝阻说："可以招抚许攸，共同征讨强大的敌人。"太祖把刀横放在膝盖上，脸色严峻，不肯听从。杜袭走进来要劝阻，太祖迎面先说道："我的主意已定，你不必再说了！"杜袭说："假如殿下的主意正确，为臣就要帮您实现；假如殿下的主意不正确，即使定了也应该改正。殿下既接见我，又不许我说话，为何对下属这么不开明呢？"太祖说："许攸对我不敬，怎么可以放下不管？"杜袭说："殿下认为许攸是个什么样的人？"太祖说："是个凡人。"杜袭说："只有贤人才能了解贤人，圣人才能了解圣人。许攸是个凡人，他怎么能了解您这样非凡的人呢？如今豺狼当路却要先消灭狐狸，别人将会说您避强攻弱，落得个进兵算不上英勇、退兵算不上仁慈（的名声）。为臣听说有千石力量的强弩不会为一只小小的家鼠扣动机关，有万钧重量的大钟不会因一根小竹枝的撞击而发出声音。如今区区一个许攸，哪里用得着劳烦神武的殿下呢？"太祖说："很对。"于是对许攸加以优厚的安抚，许攸也就归附了太祖。

治民第五

卓茂治密

【原文】卓茂，字子康，南阳人也。以儒术举，迁密令。视民如子，举善而教，口无恶言，吏民亲爱，而不忍欺之。民常有言部亭长受其米肉遗者，茂避左右问之曰："亭长为从汝求乎？为汝有事属之而受乎？将平居自以恩意遗之乎？"民曰："往遗之耳。"茂曰："遗之而受，何故言邪？"民曰："窃闻贤明之君，使民不畏吏、吏不取民。今我畏吏，是以遗之，吏既卒受，故来言耳。"茂曰："汝为弊民矣。凡人所以贵于禽兽者，以有仁爱，知相敬事也。今邻里长老尚致馈遗，此乃人道所以相亲，况吏与民乎？吏顾不当乘威力强请求耳。凡人之生，群居杂处，故有经纪礼义，以相交接。汝独不欲修之，宁能高飞远走，不在人间邪？亭长素善吏，岁时遗之，礼也。"民曰："苟如此，律何故禁之？"茂笑曰："律设大法，礼顺人情。今我以礼教汝，必无怨恶；以律治汝，何所厝其手足乎？一门之内，小者可论，大者可杀也，且归念之。"于是人纳其训，吏怀其恩。

治密数年，教化大行，道不拾遗。平帝时，天下大蝗，河南二十余县，皆被其灾，独不入密界。王莽居摄，以病免归。世祖即位，乃下诏曰："前密令卓茂，束身自修，执节淳固，诚能为人所不能为，夫名冠天下，当受天下重赏。今以茂为太傅，封宣（宣原作褒）德侯，食邑二千户。"（群书治要·后汉书）

【译文】卓茂，字子康，南阳郡人。以儒学被举为仕郎，提升为密县县令。他爱民如子，举善而教化，说话和善从不伤人，吏民爱戴不忍欺瞒他。有个人曾说卓茂部下的亭长接受过他送去的米和肉，卓茂让身边的人回避后，问这个人说："是亭长向你提出这个要求吗？还是你因托他办事，他接受了你的肉米？还是他平日与你交往很深而送给他的呢？"这人说："是我自己前去送给他的。"卓茂说："你送他东西他接受了，为什么还这样说他呢？"这个人说："我私下里听说，贤明的君王，使人不害怕官吏，使官吏不敢向人求取东西。现在我害怕官吏，所以送东西给他，官吏既然最终接受了我送的东西，所以我来把这件事情说出来。"卓茂说："你这就错了。人之所以比禽兽可贵的地方，就是因为人知道仁爱，知道互相尊敬往来啊。当今邻里长老尚且馈赠，这就是为人之道所以表示相亲，何况官吏与老百姓呢？官吏只是不应当凭借势力强行索要。人们群居杂处生活在一起，所以要用纲常礼义来相互交往。你能一个人不崇尚礼义，远走高飞，不在人间生活吗？亭长平日是个好人，一年中有时送点东西给他，这是礼义的表现啊。"那个人说："如果是这样，法律为什么还要禁止呢？"卓茂笑着说："法律是为了立定大法，礼是为了顺乎人情。现在我用礼义教化你，你必然没有怨恨；用法律处治你，那你不就手足无措了吗？一个部门之内，小事情可以这样论处，大的事可以诛杀。你且回去想想这个道理吧。"从此人们都接受他的教导，官吏们也感受他的恩德。

卓茂治理密县几年，教化大行，道不拾遗。西汉平帝时，天下遭受严重的蝗灾，黄河以南有二十多个县，都遭到蝗灾，只有密县没有受灾。王莽居摄时期，卓茂因病免职回家。世祖光武帝即位，乃颁诏说："前密县县令卓茂，很能注意自己束身修养，办事淳厚，真正能做到别人所不能做到的事。他名扬天下，应当受到重赏。现在朝廷任用卓茂为太傅，封宣德侯，食邑二千户。"

鲁恭德化

【原文】鲁恭，字仲康，扶风人也。太傅赵熹（旧无太傅赵熹四字，补之）举恭直言，拜中牟令。恭以德化为治，不任刑罚。民许伯等，争田累年，守令不能决，恭为平理曲直，皆退而自责，辍耕相让。亭长从民借牛，而不肯还之，牛主讼于恭。恭召亭长，敕令归牛者再三，犹不从。恭叹曰："是教化不行也。"欲解印绶去。掾史泣涕共留之，亭长乃惭悔，还牛，诣狱受罪，恭贳不问。于是吏民信服。建初七年，郡国螟伤稼，犬牙缘界，不入中牟。河南尹袁安闻之，疑其不实，使仁恕掾肥亲往廉之。恭随行阡陌，俱坐桑下。有雉过，止其傍，傍有童儿。亲曰："儿何不捕之？"儿言雉方将雏。亲瞿然而起，与恭诀曰："所以来者，欲察君之治迹耳。今虫不犯境，此一异也；化及鸟兽，此二异也；竖子有仁心，此三异也。久留徒扰贤者耳。"还府，具以状白安。是岁嘉禾生中牟，安上书言状，帝异之。（群书治要·后汉书）

【译文】鲁恭，字仲康，扶风郡人。太傅赵熹举荐鲁恭为人直言，做了中牟县令。鲁恭以德化治理，不用刑罚。有老百姓许伯等人争执田产已好几年了，郡守县令都不能判决这一案件，鲁恭为他们评论曲直，双方全都退堂自责，暂停耕作，互相让界。有位亭长从老百姓手里借牛而不肯归还人家，牛主人到鲁恭跟前告状。鲁恭把亭长召来，多次命令他归还，可是亭长仍不听从。鲁恭叹息说："这是教化不行的结果啊。"准备自己辞官不做了。县内吏员们哭着一起挽留他，亭长于是觉得惭悔，把牛归还给了主人，并到狱中请求服罪，鲁恭予以赦免，不再过问此事。于是吏民都诚心敬服。建初七年，相邻的郡国螟虫危害庄稼，中牟县和邻郡犬牙接界，但螟害没有进入中牟。河南尹袁安听到这件事，怀疑这种情况不是事实，让仁恕掾名叫肥亲的去察看这件事。鲁恭陪同这位吏员一同到田间，他们都坐在桑树下边。有野鸡飞过，停在旁边，旁边有儿童。肥亲说："你为什么不捕捉野鸡呢？"儿童说："野鸡还要喂养它的小鸡。"肥亲忽地起立，和鲁恭告别说："我这次来的原因，是想察看您的政绩啊。现在蝗虫不犯中牟县境，这是第一件奇异的事；教化施及于鸟兽，这是第二件奇异的事；小孩子有仁爱之心，这是第三件奇异的事啊。我久留此间，只能白白地打扰贤者。"回到府中，肥亲将看到的情况向袁安禀报。这一年，嘉禾生于中牟县，袁安上书报告了这些情况，光武帝对此感到惊异。

宋均仁慈

【原文】宋均，字叔庠，南阳人也。迁九江太守。郡多虎暴，数为民患，常募设槛阱，而犹多伤害。均到，下记属县曰："夫虎豹在山，鼋鼍在水，各有所托。且江淮之有猛兽，犹北土之有鸡豚也。今为人患，咎在残吏，而劳勤张捕，非忧恤之本也。其务退奸贪，思进忠善，可一去槛阱，除削课制。"其后传言，虎相与东游渡江。（群书治要·后汉书）

【译文】宋均，字叔庠，南阳郡人。升任九江郡太守。郡内多猛虎，常为害百姓。平日招募人设置机关陷阱，但仍然有很多人被虎伤害。宋均到任，下达公文给属县说："虎豹在山林，鼋鼍在水中，各有托居之处。再说江淮之有猛兽，正如北方之有鸡猪。现在成为人的灾患，过错在残酷的官吏。而劳累捕捉，这不是忧恤百姓的根本办法。一定要清除奸贪，考虑选拔忠善之人，应该一律去掉机关陷阱，减免赋税。”从此以后，传说老虎相继东游渡过长江而去。

任延礼化

【原文】任延，字长孙，南阳人也。拜会稽都尉。时年十九，迎官惊其壮。及到，静泊无为，唯先遣馈祠延陵季子。聘请高行如董子仪、严子陵等，敬待以师友之礼。掾吏贫者，辄分奉禄，以赈给之。是以郡中贤士大夫，争往官焉。

建武初，延上书乞骸骨，归拜王庭。诏征为九真太守。九真俗以射猎为业，不知牛耕，民常告籴交阯，每致困乏。延乃铸作田器，教之垦辟，百姓充给。又骆越之民，无嫁娶礼法，各因淫好，不识父子之性、夫妇之道。延乃使男女皆以年齿相配。其贫无礼聘，令长吏以下，各省奉禄，以赈助之，同时相娶者二千余人。是岁风雨顺节，谷稼丰衍。其产子者，始知种姓。咸曰：“使我有是子者，任君也。”多名子为任。于是徼外、蛮夷、夜郎等，慕义保塞，延遂止罢侦候戍卒。

初，平帝时，汉中锡光为交阯太守，教导民夷，渐以礼义化，声侔于延。王莽末，闭境拒守。建武初，遣使贡献，封盐水侯。岭南革风，始于二守焉。

延视事四年，征诣洛阳，九真吏民，生为立祠。拜武威太守，帝亲见，戒之曰：“善事上官，无失名誉。”延对曰：“臣闻忠臣不私，私臣不忠。履正奉公，臣子之节。上下雷同，非陛下之福也。善事上官，臣不敢奉诏。”帝叹息曰：“卿言是也。”（群书治要·后汉书）

【译文】任延，字长孙，南阳郡人。做会稽郡都尉。当时年仅十九岁，迎接之官惊异他年少。等到任后，他清静淡泊无为，只是先派人带上祭品祭祀延陵季子；聘请品德高尚的人像董子仪、严子陵等，恭敬地待以师友之礼；属员中有贫困的人，经常分出自己的俸禄，来赈济他们。因此郡中的贤士大夫，争着到会稽郡为官。

建武初年，任延上书乞请致仕退休，向朝廷回拜，颁诏征用他为九真太守。九真郡人民的习俗以射猎为业，不知道用牛耕田，老百姓经常从交阯买粮，生活往往陷于困乏。任延于是铸造农具，教民垦田种植，老百姓的生活才得以富裕起来。另外，骆越地方的人民没有嫁娶礼法，男女随意结合，不懂得父子的天性和夫妇之道。任延就让男女都以年龄相当来匹配。对于一些贫穷拿不出聘礼的人，让长吏以下各自节省俸禄来资助他们。在同一时期相嫁娶的就有两千多人。这一年风调雨顺，庄稼丰收。那些生了孩子的，才开始知道孩子的种姓。大家都说："让我有这个孩子的，是任君啊。"大多数人给儿子起名为"任"。因此边外蛮夷、夜郎等地的人民，仰慕其德仪，愿意守保边关。任延于是撤除了那里侦探、戍守的兵卒。

以前，汉平帝时，汉中人锡光为交阯太守，教导夷狄人民，慢慢受到礼义教化，声誉和任延差不多一样。到了王莽末年，闭关拒守。建武初年，遣使贡献，被封为盐水侯。岭南得以改革习俗，前后开始于锡光、任延两位太守。

任延在九真做太守四年，被征调京都洛阳，九真吏民为他立生祠。后拜任为武威郡太守。光武帝亲自接见，告诫他说："好好侍奉上级，不要丢掉名誉。"任延对答说："臣闻忠臣不私，私臣不忠。行正奉公，是臣子的节操。上下雷同，不是陛下的福气。好好侍奉上级，臣不敢奉诏从命。"光武帝感叹地说："卿说的话是对的。"

辛毗恤民

【原文】辛毗，字佐治，颍川人也。文帝践祚，迁侍中。帝欲徙冀州士家十万户实河南。时连蝗民饥，群司以为不可，而帝意甚盛。毗与朝臣俱求见，帝知其欲谏，作色以见，皆莫敢言。毗曰："陛下欲徙士家，其计安出？"帝曰："卿谓我徙之非邪？"毗曰："诚以为非。"帝曰："吾不与卿共议。"毗曰："陛下不以臣不肖，置之左右，厕之谋议之官，安得不与臣议也？臣所云非私也，乃社稷之虑，安得怒臣！"帝不答，起入内。毗随而引其裾，帝遂奋衣不还，良久乃出，曰："佐治，卿持我何太急耶？"毗曰："今徙，既失人心，又无以食也。"帝遂徙其半。尝从帝射雉，帝曰："射雉乐哉！"毗曰："于陛下甚乐，于群下甚苦。"帝默然，后遂为之希出。（群书治要·三国志）

【译文】辛毗，字佐治，颍川郡（阳翟县）人。文帝曹丕登上帝位，辛毗升任侍中。文帝准备从冀州迁徙十万户世代当兵的家庭充实河南（京都地区）。这时接连发生蝗灾，民间出现饥荒，各部门大臣都觉得此举不妥当，而文帝的移民兴头很高。辛毗与朝廷大臣进宫求见，文帝知道他们要劝阻此事，所以见面时做出严厉的脸色，众臣都不敢开口。辛毗问文帝说："陛下想迁徙世代当兵的家庭，这一计划是怎么考虑的呢？"文帝反问道："你认为我的迁徙计划不对吗？"辛毗回答说："确实认为不对。"文帝说："那我就不和你谈论这件事了！"辛毗说："陛下不觉得为臣不贤，把我安排在身边，充当议论政事的官员，怎么能不与为臣谈论呢？何况为臣所说的不是私事，而是为国家考虑，陛下怎么能对我发怒呢？"文帝也不答话，起身就朝内室走去。辛毗跟上去拉着文帝的衣服后襟，文帝遂拽起衣襟，头也不回地走进内室，过了很久才出来，说道："辛佐治，你是不是把朕逼得太急了点？"辛毗说："现今迁徙这么多人，既丧失民心，又没有粮食给他们吃啊。"文帝这才答应只迁徙一半的人口。辛毗曾经跟随文帝到野外射野鸡，文帝说："射野鸡真是快乐！"辛毗却说："对陛下很快乐，而对下面的臣民却很劳苦。"文帝顿时默不做声。为此，后来他就很少出外射猎了。

羊祜之功

【原文】羊祜，字叔子，泰山人也。都督荆州诸军事，征南大将军。上疏平吴，世祖深纳之，吴军人前后至者，不可胜数。祜将入朝而有疾，至洛阳遂薨。南州市会闻丧，举市悲号而罢，于是传哭接音，邑里相达。百姓乃树碑岘峰，立庙祭祀。行人望碑，皆涕泗垂泣。杜预代镇，名为"堕泪碑"。吴灭，诏曰："祜建平吴之规，其封祜夫人夏侯氏为万岁乡君，邑五千户，绢万匹。"吴平庆会，群臣上寿，世祖流涕曰："此羊太傅之功，岂朕所能为也。"（群书治要·晋书）

【译文】羊祜，字叔子，泰山郡人。他负责管理荆州的军事，拜为征南大将军。羊祜向武帝司马炎上疏说应该平灭东吴，武帝很赞同地采纳了。当时吴军中先后投奔而来的人，无法计算。羊祜将要入朝任事而生了病，到京都洛阳就身亡了。当时荆州人上集市贸易，听到羊祜病逝的噩耗，整个集市上的人都悲哭号啕，停止了集市交易，哭声递相传播，直到乡里城邑。老百姓又在岘峰立碑，修庙祭祀。行路的人看到石碑后，没有不垂首涕泣的（因羊祜治理荆州时，内外政策得当，百姓安宁）。杜预接替羊祜镇守荆州，把百姓为羊祜所立的石碑命名为“堕泪碑”。晋灭吴以后，武帝颁诏说：“羊祜建言，拟定了平吴的规划，有大功劳，可封羊祜的夫人夏侯氏为‘万岁乡君’，食邑五千户，赐绢万匹。”在东吴平定后召开的庆功会上，群臣祝贺。武帝流着泪说：“这是羊祜太傅的功劳，岂能是朕的能力所能做到的啊！”

戒贪第六

斗且先知

【原文】斗且廷见令尹子常〔斗且，楚大夫。子常，囊瓦〕，子常与之语，问畜货聚马。归以语其弟曰："楚其亡乎！不然，令尹其不免乎！吾见令尹，问畜聚积实，如饿豺狼〔实，财也〕，殆必亡者。昔斗子文三舍令尹，无一日之积，恤民之故也〔积，储也〕。成王每出子文之禄，必逃，王止而后复。人谓子文曰：'人生求富，而子逃之，何也？'对曰：'夫从政者，以庇民也〔庇，覆也〕。民多旷者，而我取富焉〔旷，空也〕，是勤民以自封也〔勤，劳也。封，厚也〕，死无日矣。我逃死，非恶富也。'故庄王之世，灭若敖氏，唯子文之后在，至于今为楚良臣，是不先恤民而后已之富乎？今子常先大夫之后〔先大夫，子囊也〕，而相楚君，无令名于四方，四境盈垒〔盈，满也。垒，壁也。言垒壁满四境之内〕，道殣相望〔道冢曰殣〕，是之不恤，而畜聚不厌，其速怨于民多矣〔速，召也〕。积货滋多，蓄怨滋厚，不亡何待？"期年，子常奔郑。（群书治要·国语）

【译文】斗且在朝堂见令尹子常，子常和他谈话，问到储蓄财物、聚集马匹之事。斗且回来后告诉他弟弟说："楚国将要灭亡了！否则，令尹将不免于灾祸吧！我拜见令尹，令尹问起聚积物资情况，（其神色）宛如饥饿的豺狼一样，恐怕一定要灭亡了。以前，斗子文三次放弃令尹之职，却没有一天的积蓄，是因为体恤百姓。成王每次超出定例给子文俸禄，子文一定躲避拒收，等到成王不提此事时他才返回。别人对子文说：'人生追求富有，而你却逃避，为什么呢？'答道：'从政的人是保护百姓的。如今人民多数贫困，而我求取富有，那就是劳民以自肥，离死亡就没有几天了。我是逃避死亡，不是逃避富有。’所以庄王统治时期，若敖氏被灭族了，只有子文的后代还在，直到现在还是楚国的良臣。这难道不是首先体恤民众、然后才考虑自己的富有吗？现在，子常是先大夫的后人，辅佐楚君，在全国各地都没有好的声誉，四面边境充满壁垒，路上饿死之人比比皆是，对此不加体恤，却蓄积资财而不知满足，招致百姓的怨恨非常之多啊！聚敛的财物越多，积累的怨恨就越深，不是等待灭亡是等待什么呢？”过了一年，子常逃奔到郑国去了。

晏子拒辂

【原文】晏子朝，乘弊车驽马。景公见之曰：“嘻！夫子之禄寡耶？何乘不任（任原作佼）之甚也？”晏子出，公使梁丘据遗之辂车（辂车原作路舆，下同）乘马，三反不受。公不悦，趋召晏子。晏子至，公曰：“夫子不受，寡人亦不乘。”对曰：“君使臣监百官之吏，臣节其衣服食饮之养，以先齐国之民，然犹恐侈靡而不顾行也。今辂车乘马，君乘之上，而臣亦乘之下，民之无义，侈其衣食，而多不顾其行者，臣无以禁之。”遂不受。（群书治要·晏子）

【译文】晏子上朝时，坐着破车，驾着劣马。景公见到这般情景，说：“嘿！先生的俸禄少吗？为何乘坐如此不好的车呢？”退朝后，景公派梁丘据给晏子送去一辆大车和四匹马，去了多次，晏子均不接受。景公很不悦，让人立即召晏子入宫。晏子来到后，景公对他说：“您如果不接受所赠车马，我以后也不乘坐马车了。”晏子答道：“您让我监督群臣百官，因此我节制衣服饮食的供养，为齐国人民做出表率。尽管如此，我仍然担心人民会奢侈浪费而不顾自己的行为是否得当。您作为君主乘坐四马大车，我作为臣子，也乘四马大车，那么对百姓中不讲道义、衣食奢侈而多不考虑自己行为是否得当的人，我就无法禁止了。”于是，晏子还是没有接受。

鲁相嗜鱼

【原文】公仪休为鲁相，奉法循理，无所变更，百官自正。使食禄者不得与下民争利，受大者不得取小。客有遗相鱼者，不受也。客曰：“闻君嗜鱼，遗君鱼，何故不受也？”相曰：“以嗜鱼，故不受也。今为相，能自给鱼；今受鱼而免，谁复给我鱼者？吾故不受也。”食茹而美，拔其园葵而弃之；见其家织布好，而疾出其家妇，燔其机。云：“欲令农士、工女安所仇其货乎？”（群书治要·史记）

【译文】公仪休是鲁国的宰相。他奉公守法，依理行事，丝毫不改变规则，因而百官行为自然端正。他规定领取俸禄的官吏不得与老百姓争利，做大官者不得牟取小利。有一个客人送给公仪休一些鱼，他不肯接受。客人说：“听说您爱吃鱼，特送给您这些鱼，为什么不肯接受呢？”公仪休说：“正因为爱吃鱼，所以不能接受。我现在做宰相，自己能够买得起鱼，如果因为接受了你送给我的鱼而被免去了宰相职务，以后谁还会送给我鱼呢？所以我不能接受。”有一次，他吃了自家园里种的蔬菜，觉得味道很美，就把园子里种的葵菜拔出来抛掉；看到自己家织出来的布质量很好，马上把他家里的织妇打发走，并烧掉那些织布机。他说：“（咱们种菜织布）叫那些菜农、织女到哪里去卖他们的货物呢？”

钟离意弃珠

【原文】钟离意，字子阿，会稽人也。显宗即位，征为尚书。时交阯太守坐藏千金，征还伏法，以（旧无以字，补之）资物簿入大司农，诏班赐群臣。意得珠玑，悉以委地，而不拜赐。帝怪而问其故，对曰："臣闻孔子忍渴于盗泉之水，曾参回车于胜母之闾，恶其名也。此臧秽之宝，诚不敢拜。"帝嗟叹曰："清乎尚书之言！"乃更以库钱三十万赐意，转为尚书仆射。（群书治要·后汉书）

【译文】钟离意，字子阿，会稽郡人。显宗明帝即位，征召为尚书。当时交阯太守犯贪污千金罪，召回处决，将其物资造册没入大司农，颁诏赐给群臣。钟离意分得的是珍珠，他（把珍珠）丢在地上而不受赐，明帝感到奇怪而问他为什么这样。回答说："臣闻孔子曾忍渴而不喝'盗泉'的水，曾参曾在'胜母'的闾门前把座车调头回去，是讨厌它们的名称啊。这种贪赃的宝物，我的确是不敢拜领的。"明帝叹息说："尚书的话，真是清正啊！"于是改成从国库中拿出三十万钱赏赐给钟离意，并升迁他为尚书仆射。

杨震四知

【原文】杨震，字伯起，弘农人也。迁东莱太守，道经昌邑，故所举茂才王密为昌邑令，谒见，至夜，怀金十斤以遗震。震曰："故人知君，君不知故人，何也？"密曰："暮夜无知者。"震曰："天知、神知、我知、子知，何谓无知？"密愧而出。后转涿郡太守。性公廉，子孙常蔬食步行。故旧长者，或欲令为开产业，震曰："使后世称为清白吏子孙，以此遗之，不亦厚乎？"（群书治要·后汉书）

【译文】杨震，字伯起，弘农郡人。升迁东莱郡太守时，路过昌邑，从前他所举荐的茂才王密做了昌邑县令，来谒见杨震，到了夜间，由怀中拿出金十斤来送给杨震。杨震说："我这个故友了解你，你却不了解故友，是为什么呢？"王密说："夜间没有人知道。"杨震说："天知、神知、我知、你知，怎能说无人知道呢？"王密感到羞愧而离去。后来杨震转任涿郡太守。他为人公正廉洁，子孙们经常吃粗食淡饭，外出时步行，不乘车。老朋友中年纪长的，让他为子孙置些产业，杨震说："让后世人称他们是'清白官吏的子孙'，以此作为给他们的遗产，不也是很丰厚的吗？"

田豫受金

【原文】田豫，字国让，渔阳人也。为护乌丸校尉。〔《魏略》曰："鲜卑、素利等，数来客见，多以牛马遗豫，豫转送官。胡乃密怀金三十斤，谓豫曰：'我见公贫，故前后遗公牛马，公辄送官，今密以此上公，可以为家资。'豫张袖受之，答其厚意。胡去之后，皆悉付外。于是诏褒之曰：'昔魏绛开怀以纳戎，今卿举袖以受狄金，朕甚嘉焉。'乃赐青缣五百匹也。"〕（群书治要·三国志）

【译文】田豫，字国让，渔阳郡（雍奴县）人。任护乌丸校尉。（《魏略》说：鲜卑、素利等少数民族，多次派人来拜见田豫，多次赠送给田豫牛马，田豫事后将这些又转送到官府。胡人的使者秘密携带了黄金三十斤，对田豫说："我看您贫穷，所以前后多次送牛马给您，您却都缴公了。今天秘密地送给您这些金子，您可以把它当作家资。"田豫张开袍袖收下了这些金子，并答谢使者的厚意。胡人的客使走后，田豫又把这些金子都缴公了。于是皇帝下诏表彰他说："从前魏绛敞开胸怀与戎人和睦相处，现在你张开袍袖接受胡人送予的金子，我特别嘉奖你。"并赐给田豫青丝绢五百匹。）

胡威守廉

【原文】胡威，字伯武，淮南人也。父质，字文德，清廉洁白。质之为荆州刺史也，威自京都定省。家贫，每至客舍，自放驴取樵。既至见父，停厩中十余日，告归。临辞，赐绢一匹，为道中资。威跪曰："大人清高，不审于何得此绢。"质曰："是吾奉禄之余，故以为汝粮耳。"威受之辞归。荆州帐下都督，闻威将去，请假还家，持资粮于路要威，因与为伴，每事佐助，又进饭食。威疑而诱问之，既知，乃取所赐绢与都督，谢而遣之。后因他信以白质，质杖都督一百，除吏名。父子清慎如此，于是名誉著闻。为安丰太守、徐州刺史，政化大行。后入朝，世祖因言次谓威曰："卿清孰如父清？"对曰："臣不如也。"世祖曰："以何为胜邪？"对曰："臣父清恐人知，臣清恐人不知，是臣不及远也。"世祖以威言直而婉、谦而顺，累迁豫州刺史。入为尚书。（群书治要·晋书）

【译文】胡威，字伯武，淮南郡人。威父名质，字文德，清廉正直。在胡质做荆州刺史的时候，胡威从京都洛阳前去探望，因为家贫，每到客舍，都是亲自放驴、打柴做饭。到荆州拜见过父亲，住在马厩中十多天。告别父亲，临走时，父亲赐绢一匹作为路上的盘资。胡威跪拜向父亲说："您清廉高洁，不知从何而得此绢？"胡质说："这是我积攒的官俸之余，现用来作为你的口粮钱。"胡威收下绢，辞别父亲回京都。荆州官府有位都督听说胡威要回去，就请假回到自己家里，取来资粮在路上邀请胡威作伴。在路上，这位都督凡事都予以资助，并买来饭菜供胡威进食。胡威感到大惑不解，询问他为什么要这样做。当弄清原因后，就取出父亲所送的绢给都督，并向其道谢，请他回去。后来因胡威在信上将此事禀告父亲，胡质为此事打了都督一百板子，并解除了都督职务。胡氏父子就是这样的清白慎行，从此名誉大大地传扬开来。

胡威后来做了安丰太守，又升迁为徐州刺史，政风大行。后入朝，武帝司马炎在言谈间向胡威说："你和你父亲比较，谁清廉？"回答说："臣不如父。"武帝问道："凭什么说他胜过你呢？"回答说："臣父的清白唯恐人知，而臣的清白却唯恐人不知，这是臣远远不如父亲的地方。"武帝认为胡威的说法正直而委婉、谦虚而合理，累迁为豫州刺史，后又征召他入朝为尚书。

举贤第七

鲍子之贤

【原文】子贡问孔子曰："今之人臣，孰为贤乎？"子曰："齐有鲍叔，郑有子皮，则贤者矣。"子贡曰："齐无管仲、郑无子产乎？"子曰："赐，汝徒知其一，未知其二也。汝闻用力为贤乎？进贤为贤乎？"子贡曰："进贤，贤哉！"子曰："然。吾闻鲍叔达管仲，子皮达子产，未闻二子之达贤己之才者也。"（群书治要·孔子家语）

【译文】孔子的弟子子贡问孔子说："当今的臣子，哪一个贤明呢？"孔子说："齐国的鲍叔牙，郑国的子皮，就是贤明的人。"子贡说："难道齐国没有管仲、郑国没有子产吗？"孔子说："端木赐呀，你是只知其一，不知其二啊。你听说过出力者贤明呢，还是推荐贤才者贤明呢？"子贡说："推荐贤才者才是贤明啊！"孔子说："正是这样。我听说鲍叔牙使管仲显达，子皮使子产显达，却没有听说他们二位（管仲、子产）让比自己贤明的人显达。"

祁奚举善

【原文】三年，祁奚请老〔老，致仕〕，晋侯问嗣焉〔嗣，续其职者〕。称解狐，其仇也，将立之而卒〔解狐卒也〕。又问焉，对曰："午也可〔午，祁奚子〕。"于是，羊舌职死矣，晋侯曰："孰可以代之？"对曰："赤也可〔赤，职之子伯华〕。"于是使祁午为中军尉，羊舌赤佐之〔各代其父〕。君子谓："祁奚于是能举善矣。称其仇，不为谄；立其子，不为比；举其偏，不为党〔偏，属也〕。能举善也！

夫唯善，故能举其类也。”（群书治要·春秋左氏传）

【译文】鲁襄公三年，祁奚请求告老退休，晋悼公问他谁可接替其职务。祁奚荐举解狐，而解狐是他的仇人。晋悼公正准备任命解狐，解狐竟一病而死。晋悼公又问谁可接任，祁奚回答说：“（我的儿子）祁午可以胜任。”正在此时，羊舌职死了。晋悼公问道：“谁可接替羊舌职之位呢？”祁奚回答：“（羊舌职的儿子）羊舌赤就可以。”于是晋悼公就任命祁午为中军尉，羊舌赤辅佐他。君子称赞说：“祁奚在这件事上真是能荐举贤人呀！推举其仇人，不是谄媚；推荐自己的儿子，不是勾结；举荐他的属下，不是结党。真是能够举荐贤能啊！唯有贤者，才能推举其同类之人。”

解狐荐贤

【原文】解狐与邢伯柳为怨，赵简主问于解狐曰：“孰可为上党守？”对曰：“邢伯柳可。”简主曰：“非子之仇乎？”对曰：“臣闻忠臣之举贤也，不避仇雠；其废不肖也，不阿亲近。”简主曰：“善。”遂以为守。邢伯柳闻之，乃见解狐谢，解狐曰：“举子，公也；怨子，私也。往矣，怨子如异日。”（群书治要·韩子）

【译文】解狐与邢伯柳有仇怨，赵简子问解狐说：“谁可以做上党地方的长官？”解狐回答说：“邢伯柳可以。”简子说：“邢伯柳不是你的仇家吗？”解狐回答说：“臣下听说，忠臣推举贤能之人，不避仇怨者；罢黜不肖之人，不偏袒亲近者。”简子说：“说得好。”遂任命邢伯柳为上党地方长官。邢伯柳听说后，便去见解狐表示感谢。解狐说：“举荐你是为公，怨恨你是为私。你走吧，我怨恨你一如往日。”

萧何追信

【原文】韩信，淮阴人也。家贫无行，不得推择为吏，常从人寄食。从项羽为郎中，数以策干项羽，弗用。亡楚归汉，上未奇之也。数与萧何语，何奇之。至南郑，诸将亡者十数人。信度何已数言，上不我用，即亡。何闻信亡，不及以闻，自追之。人有言上，曰："丞相何亡。"上怒，如失左右手。居一二日，何来谒。上且怒且喜，骂何曰："若亡，何也？"曰："臣非敢亡，追亡者耳。"上曰："所追谁？"曰："韩信。"上复骂曰："诸将亡者以十数，公无所追，追信，诈也。"何曰："诸将易得，至如信，国士无双。王必欲长王汉中，无所事信；必欲争天下，非信无可与计事者。"王曰："吾亦欲东耳。"何曰："王必东，能用信，信即留；不能用信，信终亡耳。"王曰："吾以为将。"何曰："虽为将，信不留。"王曰："以为大将。"何曰："幸甚。必欲拜之，择日斋戒，设坛场，具礼乃可。"王许之。诸将皆喜，人人各以为得大将。至拜，乃韩信也，一军皆惊。（群书治要·汉书）

【译文】韩信，淮阴人。他家庭贫穷，没有好的品行，不能被推选做官，经常投靠人家吃闲饭。跟从项羽后做了郎中，曾多次向项羽进献计策，不被重用。后来他从楚营逃出归顺了汉王，汉王并不赏识他。韩信多次跟萧何谈话，萧何认为他是个奇才。到达南郑后，汉王手下将官逃跑的有十多个人。韩信猜想萧何已经多次向汉王谈及他，汉王却不重用自己，就逃跑了。萧何听说韩信逃走，来不及将此情向汉王禀报，就亲自去追赶韩信。有人向汉王报告说："丞相萧何逃跑了。"汉王大怒，好像失去了左右臂。过了一两天，萧何来拜见汉王。汉王又生气又高兴，责骂萧何道：

"你逃跑，是什么原因呢？"萧何说："我不敢逃跑，是去追赶逃跑的人哪。"汉王问："你追赶的人是谁？"萧何说："是韩信。"汉王又责骂道："将领们逃跑的有十几个，你都没有去追赶，说去追赶韩信，那是撒谎。"萧何说："那些将领容易得到，至于像韩信这样的，那是国内找不出第二个的杰出人才。大王倘若想长久地在汉中称王，那就无须重用韩信；倘若想争夺天下，除了韩信就再没有可以和你商议大事的人。"汉王说："我也想向东方发展呀。"萧何说："大王决计向东方发展，能够任用韩信，韩信就会留下来；假如不能任用韩信，韩信最终是会逃跑的。"汉王说："我让韩信做将官。"萧何说："即使让韩信做将官，韩信也不会留下。"汉王说："那就拜他做大将。"萧何说："这就很好。倘若拜他做大将，还须选择吉日亲自斋戒，设置坛场，举行任命大将的隆重仪式才行。"汉王答应了萧何的要求。将领们听到要拜大将的事都很高兴，人人各自以为自己将要被拜做大将。等到拜将时，才知道是韩信，全军都为之惊讶。

蒯通荐隐

【原文】蒯通，范阳人也。初，齐处士东郭先生梁石君，入深山隐居。通乃见相国曰："妇人有夫死三日而嫁者，有幽居守寡不出门者，足下即欲求妇何取？"曰："取不嫁者。"通曰："然则求臣亦犹是也。彼东郭先生梁石君，齐之俊士也，隐居不嫁，未尝卑节下意以求仕也。愿足下使人礼之。"曹相国曰："敬受命。"皆以为上宾。（群书治要·汉书）

【译文】蒯通，范阳（今河北境内）人。当初，齐国处士东郭先生梁石君，到深山隐居。蒯通遂去谒见曹相国说："妇人有丈夫死了三天就改嫁的，有独自守寡而不出门的，您如果打算求取妇人做媳妇，是选取哪一个呢？”曹参说：“选那个不肯嫁人的寡妇。”蒯通说：“如此说来访求贤臣也是这样的啊。那东郭先生梁石君，是齐国俊杰之士啊，他隐居正像寡妇不肯嫁人，不曾卑躬屈节、低声下气地去谋取官位。希望您派人以礼相待。”曹相国说：“我敬受你的教诲。”把蒯通和东郭先生梁石君都请来做了上宾。

卷三 修身

知本第一

詹何修身

【原文】楚庄王问詹何曰："治国奈何？"〔詹何，盖隐者也〕詹何对曰："何明于治身，而不明治国也。"楚王曰："寡人得奉宗庙社稷，愿学所以守之。"詹何对曰："臣未尝闻身治而国乱者也，又未尝闻身乱而国治者也。故本在身，不敢对以末。"楚王曰："善。"（群书治要·鹖冠子）

【译文】楚庄王问詹何说："怎么治国？"詹何回答说："我明白修身却还不明白治国呢。"楚王说："我得以尊奉宗庙、拥有国家，希望学会怎样来守护它。"詹何回答说："我不曾听说过君主自身修养很好而其国家却没有秩序的，也不曾听说过君主自身修养不好而其国家却安定的。所以，根本就在于自身修养，（像治理国家这种次于修身之后的事情）我就不敢对您讲了。"楚王说："你讲得很好。"

孝道第二

子春下堂

【原文】乐正子春下堂，而伤其足，数月不出，犹有忧色。门弟子曰：“夫子之足瘳矣，数月不出，犹有忧色，何也？”曰：“吾闻诸曾子，父母全而生之，子全而归之，可谓孝矣；不亏其体，不辱其身，可谓全矣。故君子跬步弗敢忘孝也。今予忘孝之道，予是以有忧色也。壹举足而不敢忘父母，壹出言而不敢忘父母。壹举足而不敢忘父母，是故道而弗径，舟而不游，不敢以先父母之遗体行危殆。壹出言而不敢忘父母，是故恶言不出于口，忿言不及于身。不辱其身，不羞其亲，可谓孝矣〔径，步邪趋疾也〕！”（群书治要·礼记）

【译文】担任乐正之职的子春下堂时脚部受伤，数月没有出门，还是面有忧愁之色。他门下的弟子说：“老师的脚不是好了吗？几个月不出门，还是面有忧愁之色，为什么呢？”子春说：“我听曾子说过，父母齐齐全全地生下了我们，子女也齐齐全全地归属于他们，这才是‘孝’。不缺损自己的躯体，不辱没自己的身份，这就是‘全’。所以君子每走一步都不敢忘记孝道。这次我可谓忘却孝道，因而面有忧色。（为人子者，）每走一步路、每说一句话，都不敢忘记父母。每走一步路都不敢忘记父母，所以走路不走险径，乘船不可戏玩，不敢用父母给予的身体去做危险的事。每说一句话都不敢忘记父母，所以，自己口不出恶言，于是自身不会招致指责、辱骂之言。不使自身受辱，不使父母蒙羞，可以称为孝行了。”

贵德第三

子方仁厚

【原文】昔者田子方出，见老马于道，喟然有志焉，以问于御曰："此何马？"御曰："故公家畜也，疲而不为用，故出放之。"田子方曰："少尽其力，而老弃其身，仁者不为也。"束帛而赎之。穷士闻之，知所归心矣！（群书治要·韩诗外传）

【译文】过去，田子方外出，看见路上有一匹老马。他充满心事长叹一声，问车夫说："这是什么马啊？"车夫说："这是过去公家养的一匹马，现在已经疲老不能效力，所以把它卖到民间。"田子方说："它年轻的时候用尽了力气，到衰老的时候，就把它抛弃了，仁爱的人不做这样的事啊。"于是用五匹布把它赎回来。穷困的士人听到这件事以后，就知道谁是他们可以归附的人了。

宋弘好德

【原文】宋弘，字仲子，长安人也。弘当宴见，御坐新施屏风，图画列女，帝数顾视之。弘正容言曰："未见好德如好色者。"帝即为彻之，笑谓弘曰："闻义则服，可乎？"对曰："陛下进德，臣不胜其喜。"时帝姊湖阳公主新寡，帝与共论朝臣，微观其意。主曰："宋公威容德器，群臣莫及。"帝曰："方且图之。"后弘被引见，帝令主坐屏风后，因谓弘曰："谚言'贵易交，富易妻'，人情乎？"弘曰："臣闻'贫贱之知不可忘，糟糠之妻不下堂'。"帝顾谓主曰："事不谐矣。"（群书治要·后汉书）

【译文】宋弘，字仲子，长安人。宋弘有次在内廷觐见光武帝，御坐新设置了屏风，上面画了几个古代贤德的女子，光武帝不时回头看列女画。宋弘面色严肃地说："还未曾见过好德像好色一样的人。"光武帝立即把屏风撤掉，笑着向宋弘说："听到合乎义理的事就去实行，这样该可以了吧？"宋弘回答说："陛下在德行方面进了一步，臣不禁觉得高兴。"这时候光武帝的姐姐湖阳公主新近守寡，光武帝和她一起议论朝臣，探测她的想法。公主说："宋公威严、容貌、德行、器量，是群臣没有人能赶上的。"光武帝说："将来想办法吧。"后来宋弘被引见，光武帝让公主坐在屏风后边，就对宋弘说："谚语说，人官做大了就变换朋友，有钱了就另娶妻子，这是人之常情吧？"宋弘说："臣听说，贫贱时的知交不可忘记，共患难的妻子不该遗弃。"光武帝回头向公主说："事情不成啊！"

诈不如诚

【原文】乐羊为魏将，攻中山。其子在中山，中山之君烹其子而遗之，乐羊尽一杯。文侯谓堵师赞曰："乐羊以我故食其子之肉！"答曰："其子而食之，且谁不食？"乐羊罢中山，文侯赏其功而疑其心。孟孙猎得麑，使秦西巴（旧无巴字，补之，下巴同）持之以归，其母随而呼，秦西巴以不忍而与之。孟孙大怒，逐之。居三月，复召为其子傅。其御曰："曩将罪之，今使傅子，何也？"孟孙曰："夫不忍麑，又且忍吾子乎？"故曰："巧诈不如拙诚。"乐羊以有功见疑，秦西巴以有罪益信。（群书治要·韩子）

【译文】乐羊作为魏国将领去攻打中山国，而其子此时正在中山国。中山国的君主就把他儿子煮成肉羹送给他，乐羊竟吃完一杯。魏国君主魏文侯对堵师赞说：“乐羊是因为忠于我的缘故，吃了他儿子的肉。”堵师赞回答说：“他连自己的儿子都能吃，还有谁不能吃呢？”乐羊在结束对中山国的战争后，魏文侯奖赏了他的功劳，但却怀疑他的用心。孟孙猎得一只鹿仔，便叫秦西巴带回家去。这时母鹿随其后而哀叫，秦西巴心有不忍，遂放掉鹿仔，让它随母鹿而去。孟孙大怒，便把秦西巴赶走了。过了三个月，孟孙又把秦西巴召回来做他儿子的师傅。孟孙的车夫问道：“过去您怪罪他，现在却又把他召回来教导您儿子，这是为什么？”孟孙说：“对一只小鹿他都不忍心伤害，又怎么会忍心对我儿子不好呢？”所以说：“灵巧诈伪不如拙笨诚实。”乐羊因（打败中山国）有功而被怀疑，秦西巴因（私放小鹿）有罪却更受信任。

宋就报怨

【原文】梁大夫有宋就者，为边县令，与楚邻界。梁之边亭与楚之边亭皆种瓜。梁之边亭，劬力而数灌其瓜，瓜美。楚人窳而希灌其瓜，瓜恶。楚令怒其亭瓜之恶也，楚亭恶梁亭之贤己，因往夜窃搔梁亭之瓜，皆有死（死原作华）焦者矣。宋就令人往窃为楚亭，夜善灌其瓜，其瓜日以美。楚亭怪而察之，则乃梁亭也。楚王闻之，悦梁之阴让也，乃谢以重币，而请交于梁王。故梁楚之欢，由宋就始。语曰：“转败而为功，因祸而为福。”老子曰：“报怨以德。”此之谓也。（群书治要·贾子）

【译文】梁国有个大夫名叫宋就，担任地处边境之县的县令，与楚国接壤。梁、楚两国边亭都种着瓜。梁国边亭勤劳，多次灌溉瓜田，瓜长势很美；楚国边亭偷懒，很少浇灌瓜田，瓜长得很差。楚国边境县令对自家瓜长势太差感到恼火，楚国边亭也嫉恨梁国边亭比自己出色，因而夜间偷盗、破坏梁国边亭的瓜，致使很多瓜枯死了。宋就却派人偷偷地到楚国边亭，夜间仔细灌溉楚国的瓜，所以楚国的瓜长势逐渐变好。楚国边亭对此感到奇怪并秘密观察，发现原来是梁国边亭帮他浇灌。楚王听说这件事情后，对梁国私下礼让表示高兴，于是赠送重金表示感谢，并请求与梁国彼此交好。所以梁楚两国友好往来，是从宋就开始的。有句老话说："将败而为功，因祸而得福。"老子说："以德报怨。"就是说的这类事情啊！

立信第四

郭伋亭候

【原文】郭伋，字细侯，扶风人也。王莽时，为并州牧。建武九年，拜颍川太守。十一年，调为并州刺史。引见宴语，伋因言选补众职，当简天下贤俊，不宜专用南阳人。帝纳之。伋前在并州，素结恩德，及后入界，所到县邑，老幼相携，逢迎道路。所过问民疾苦，聘求耆德雄俊，设几杖之礼，朝夕与参政事。始至行部，到西河美稷，有童儿数百，各骑竹马，于道次迎拜。伋问曰："儿曹何自远来？"对曰："闻使君到，喜，故来奉迎。"伋辞谢之。及事讫，诸儿复送至郭外，问使君何日当还，伋计日告之。既还，先期一日，伋为违信于诸儿，遂止于野亭，须期乃入。（群书治要·后汉书）

【译文】郭伋，字细侯，扶风郡人。王莽时，做并州牧。建武九年，拜颍川太守。十一年，调任并州刺史。被引见与光武帝闲谈，郭伋谈到选任众官，应当挑选天下贤俊人才，不应专用南阳人。光武帝采纳了这一意见。郭伋以前在并州，平日所为有恩义于百姓，后来再至并州境内，所到的县邑，老幼相扶持，在道路上迎接。凡所过的地方，他都询问民间疾苦，聘求德高望众的老人，设几杖之礼，从早到晚与他们商议政务之事。开始巡行，到西河美稷，有幼童数百，各骑竹马，在道路边上迎拜。郭伋问道："孩子们为何这么远跑来？"孩子们说："听说您要来，我们都很高兴，所以来欢迎。"郭伋向孩子们道谢。等郭伋把事情办完，孩子们又送到城外，还问他什么时候回来。郭伋计算了一下，把归期告诉给他们。等回来时，却早一天到了，郭伋怕失信于孩子们，于是在野外的亭站住下来，等到说定的时间才进入美稷。

君无戏言

【原文】唐叔虞者，周成王弟也。成王与叔虞戏，削桐叶为珪以与叔虞，曰：“以此封若。”史佚因请择日立叔虞。成王曰：“吾与之戏耳。”史佚曰：“天子无戏言，言则史书之、礼成之、乐歌之。”于是遂封叔虞于唐。（群书治要·史记）

【译文】唐叔虞是周成王的弟弟。成王跟叔虞开玩笑，把桐叶削成圭形给叔虞，说道：“用这个来封赐你。”史佚因而请成王选个好日子封叔虞为诸侯。成王说：“我是同他开玩笑罢了。”史佚说：“天子没有玩笑的话，一旦说话，史官就会记录下来，就要用礼仪来完成，就要用乐章来歌唱。”于是，成王就封叔虞为唐国之侯。

曾子杀彘

【原文】曾子妻之市，其子随而泣。其母曰：“汝还顾反，为汝杀彘。”妻适（适原作道）市来，曾子欲捕彘杀之，其妻止之曰：“特与婴儿戏也。”曾子曰：“婴儿者非有知也，待父母而学之者也。今子欺之，是教子欺也。母欺子，子而不信其母，非所以成教也。”遂杀彘。（群书治要·韩子）

【译文】曾子的妻子到集市上去，她儿子跟在后面哭着也要去。母亲对儿子说：“你回去吧，等我回来后，给你杀猪吃。”妻子刚从集市上回来，曾子就准备捉猪去杀，妻子连忙劝阻说：“我说那些话是和小孩开玩笑的。”曾子说：“小孩子还不懂事，是跟着父母学习的，如今你欺骗他，就是教孩子学欺骗。母亲欺骗孩子，孩子就不相信其母亲，这不是实现教化的办法呀！”于是曾子便动手杀猪。

窒欲第五

庄王纳妃

【原文】楚之讨陈夏氏也〔在宣十一年〕，庄王欲纳夏姬。申公巫臣谏曰：“不可。君召诸侯，以讨罪也。今纳夏姬，贪其色也。贪色为淫，淫为大罚。《周书》曰：‘明德慎罚。’若兴诸侯，以取大罚，非慎之也。君其图之！”王乃止。（群书治要·春秋左氏传）

【译文】楚国讨伐陈国夏氏的时候，庄王欲纳夏姬为妃。申公巫臣谏阻说：“不可以这样做。君王召集诸侯出兵，是为了讨伐其罪。现在若纳夏姬为妃，说明君王是贪其美色。贪色为淫，淫当重罚。《周书》说：‘要显明德，要谨慎处罚。’若号令诸侯兴师，却获取重罚，这就是不谨慎。君王应考虑这些问题啊！”楚庄王于是打消了纳夏姬为妃的念头。

九重之台

【原文】齐景公使使于楚，楚王与之上九重之台，顾使者曰：“齐亦有台若此者乎？”使者曰：“吾君有治位之堂，土阶三尺，茅茨不剪，采椽不斫，犹以为为之者劳，居之者泰。吾君恶有若此者乎？”于是楚王怉如也。（群书治要·韩诗外传）

【译文】齐景公派遣使者到楚国去，楚王与齐国使者登上九层高台。楚王回头对使者说：“齐国也有这样的高台吗？”使者说：“我们国君有办事的朝堂，朝堂只有三尺高的土台阶，用茅草盖的屋顶没有修剪，栎木做的椽子连树皮也不削去，我们君主还认为建朝堂的人太劳苦，居住的人太安泰。我们国君哪有这样的高台呢？”于是楚王感到郁郁不乐。

翟王示俭

【原文】翟王使者之楚，王欲夸之，故飨客于章华之台，上者三休乃至其上。楚王曰：“翟国亦有此台乎？”使者对曰：“不。翟，窭国也，恶见此台？翟王之自为室也，堂高三尺，茆茨（茆茨原作蒖茸）弗剪，采椽不刮，然且翟王犹以为作之者大苦，居之者大逸。翟国恶见此台也？”楚王愧焉。（群书治要·贾子）

【译文】翟王的使者出使楚国，楚王想炫耀自己，于是在章华台上招待使者。上台的人，必须三次歇脚才能登顶。楚王问翟王使者：“翟国也有这么气魄的高台吗？”使者答道：“没有。翟国是个贫穷的国家，哪里能够看到如此气魄的高台？翟王自己居住的地方，堂庭仅有三尺高，以茅草为屋顶，不求整齐，以柞木做椽，不加削斫。尽管如此，翟王还以为盖房子的人太辛苦了，住房子的人太安逸了。翟国哪能见到这样的台子？”楚王对此感到惭愧。

薛公献珥

【原文】齐王后死，欲置后而未定，使群臣议。薛公欲中王之意〔薛公，田婴〕，因献十珥而美其一。旦日，因问美珥之所在，因劝立以为王后。齐王大悦，遂重薛公。故人主之嗜欲见于外，则为人臣之所制。故老子曰：“塞其兑，闭其门，终身不勤。”（群书治要·淮南子）

【译文】齐威王的王后死了，威王打算新立王后却没有定下来，便命群臣议定此事。薛公田婴想迎合威王的心意，便献上十只玉耳饰而赞美其中一只。第二天，田婴便问那只最美的玉耳饰在谁处，就劝威王立那位妃子为王后。齐威王极为高兴，从此便格外器重田婴。所以，君主的意图嗜爱一旦显现于外表，那么就会为臣子所挟制。所以《老子》说："堵塞流露欲望的洞口，关闭放纵情性的门户，则终身不会愁苦。"

文子不奢

【原文】季文子相鲁，妾不衣帛，马不食粟。仲孙忌（原注忌作它）谏曰："子为鲁上卿，妾不衣帛，马不食粟，人其以子为爱，且不华国也。"文子曰："然！吾观人之父母，衣粗食蔬，吾是以不敢。且吾闻君子以德华国，不闻以妾与马。夫德者，得于我，又得于彼，故可行。若淫于奢侈，沉于文章，不能自反，何以守国？"仲孙忌惭而退。（群书治要·说苑）

【译文】季文子做鲁国宰相，妾不穿丝绸，马不吃粮食。仲孙忌劝他说："你是鲁国上卿，妾不穿丝绸，马不吃粮食，别人将会认为你是吝啬，并且使国家不光彩。"季文子说："是这样吗？我看到国人的父母都还穿粗衣、吃蔬菜，我因此不敢奢侈。而且我听说君子靠高尚的道德使国家光彩，没有听说过靠妾和马（为国增光）。所谓德，是既能使我有所得，也能使他人有所得，所以能够推行。如果放纵自己，尽情奢侈，沉迷于错综华美的色彩，不能反躬自省，怎么能守卫国家呢？"仲孙忌惭愧地退出。

宣王三好

【原文】齐宣王坐，淳于髡侍。王曰："先生论寡人何好？"髡曰："古者所好四，王所好三焉。"王曰："可得闻乎？"髡曰："古者好马，王亦好马；古者好味，王亦好味；古者好色，王亦好色；古者好士，王独不好士。"王曰："国无士耳，有则寡人亦悦之矣。"髡曰："古者有骅骝骐骥，今无有，王选于众，王好马矣。古者有豹象之胎，今无有，王选于众，王好味矣。古者有毛嫱、西施，今无有，王选于众，王好色矣。王必将待尧、舜、禹、汤之士而后好之，则禹、汤之士亦不好王矣。"宣王默然无以应。（群书治要·说苑）

【译文】齐宣王闲坐，淳于髡陪伴。齐宣王说："先生可说说我爱好什么？"淳于髡说："古人的爱好有四种，但君王只爱好其中的三种。"齐宣王说："可以听听是什么吗？"淳于髡说："古人喜欢良马，君王也喜欢良马；古人喜欢美味，君王也喜欢美味；古人喜好女色，君王也喜好女色；古人喜欢贤士，君王唯独不喜欢贤士。"齐宣王说："是国内没有贤士，如有的话，我也会喜欢他们的。"淳于髡说："古代有骅骝骐骥那样的骏马，现在没有，君王会从众多的马中去选取，说明君王是好马的了；古代有豹子、大象之胎做成的美味，现在没有，君王会从众多的豹象中选取，说明君王是好美味的人了；古代有毛嫱、西施，现在没有，君王会从众多的美女中挑选，说明君王是好色的了。君王一定要等待尧、舜、禹、汤时代那样的贤士出现然后才喜欢，那么像禹汤时代那样的贤士，也就不喜欢君王了。"宣王默不做声，不能回答。

杨秉不惑

【原文】震中子秉，字叔节。延熹五年，为太尉。是时宦官方炽。中常侍侯览弟参，为益州刺史，累有臧罪，暴虐一州。秉劾奏参，槛车征诣廷尉。参自杀。秉因奏览及中常侍具瑗，免览官，而削瑗国。每朝廷有得失，辄尽忠规谏，多见纳用。秉性不饮酒，尝从容言曰："我有三不惑，酒、色、财也。"（群书治要·后汉书）

【译文】杨震的二儿子杨秉，字叔节，汉桓帝延熹五年，任太尉。这时候宦官正得势。中常侍侯览的弟弟侯参，任益州刺史，多有贪污罪行，为害一州。杨秉向皇上检举侯参的罪行，用槛车把侯参押往廷尉府，侯参自杀。杨秉因而参奏侯览和中常侍具瑗，导致侯览被免官，具瑗被削夺封国。每逢朝廷有过失，他常尽忠规谏，多被采纳。杨秉生性不饮酒，曾经很从容地说："我有三不惑，就是不被酒、色、财所迷惑。"

曹衮恭俭

【原文】中山恭王衮，每兄弟游娱，衮独谭思经典。文学防辅遂共表称陈衮美。衮闻之，大惊惧，责让文学曰："修身自守，常人之行耳，而诸君乃以上闻，是适所以增其负累也。且如有善，何患不闻，而遽共如是，是非益我。"其诫慎如此。衮尚约俭，教敕妃妾纺绩织纴，习为家人之事。衮病困，令世子曰："汝幼少，未闻义方，早为人君，但知乐，不知苦，必将以骄奢为失也。接大臣，务以礼。虽非大臣，老者犹宜答拜。事兄以敬，恤弟以慈。兄弟有不良之行，当造膝谏之。谏之不从，流涕喻之。喻之不改，乃白其母。若犹不改，当以奏闻，并辞国土。与其守宠罹祸，不若贫贱全身也。此亦谓大罪恶耳，其微过细愆，故当奄覆之。嗟乎小子，慎修乃身，奉圣朝以忠贞，事太妃以孝敬。闺闱之内，奉令于太妃；阃阈之外，受教于沛王。无怠乃心，以慰余灵。”诏使大鸿胪持节典护丧事，赠赗甚厚。（群书治要·三国志）

【译文】中山恭王曹衮，每次兄弟们游玩娱乐时，曹衮总是独自深思经典。文学侍从和监督官员们一同上表称赞曹衮的美德。曹衮知道后，极为惊恐，召见责备这些官员说：“提高自身修养和谨守本分，不过是一般人的行为罢了，诸位却报告给皇上，这恰恰会为我增加负担和忧患。再说，如果有优点，何必担心别人不知道，却急急忙忙一起这样做，这可不是对我有益的事啊！”他是如此的警惕慎重啊！曹衮崇尚节约俭朴，要求妻妾纺线织布，学做普通主妇所做的事。曹衮病重之时，告诫继承自己王位的儿子说：“你还太小，不懂得为人应遵守的原则和规矩，这么早就将成为王爷，只知道乐，不知道苦，必将会因为骄傲奢侈造成过失。接待大臣，务必遵照礼仪。即使不是大臣，对老人也应该行跪拜礼来答谢。对待哥哥要恭敬，照顾弟弟要慈爱。兄弟当中若有不好的行为，应当促膝谈心劝诫他们。若劝诫不听从，就流着泪给他们讲道理，讲道理还不改，那就禀告他们的生母。要是仍然不改，就应当上奏天子，并辞掉封地。与其因保全恩宠而遭到灾祸，不如过贫贱生活以保全生命。当然这指的是大罪。至于微细的过错，就应当为他们掩盖。唉，你这小子啊！要谨慎地修养自身，对朝廷要忠诚坚贞，对太妃要孝顺恭敬。家里的事应听奉太妃的指示，外面的事应接受伯父沛王的教导。你的心不要懈怠，以此来安慰我的灵魂。”曹衮去世后，明帝下诏派大鸿胪持节杖前去主持办理丧事，赐赠的丧葬礼品十分丰厚。

正身第六

白龙鱼服

【原文】吴王夫差闻孔子与子贡游于吴，出求观其形，变服而行，为或人所戏而伤其指。夫差还，发兵索于国中，欲诛或人。子胥谏曰："臣闻昔上帝之少子，下游青泠之渊，化为鲤鱼，随流而戏，渔者豫沮射而中之。上诉天帝。天帝曰：'汝方游之时，何衣而行？'少子曰：'我为鲤鱼。'上帝曰：'汝乃白龙也，而变为鱼，渔者射汝，是其宜也，又何怨焉！'今夫大王弃万乘之服，而从匹夫之礼，而为或人所刑，亦其宜也。"于是，吴王默然不言。（群书治要·吴越春秋）

【译文】吴王夫差听说孔子和子贡来吴国游览，想看看他俩的模样，就穿着便服出宫，却被街市上一个人戏弄，而且伤了手指。夫差回宫后，发动兵士，在都城搜查，要杀掉这个人。伍子胥劝他说："我听说昔日天帝的小儿子下界，变成一条鲤鱼，在一个清冷的深泉中游玩，被一个叫豫沮的打鱼人射中。他回到天宫，告诉天帝。天帝说：'你去游览之时穿什么衣服？'少子说：'我变作鲤鱼。'天帝说：'你本来是条白龙，却变成鲤鱼，打鱼人射你是符合情理的，又有什么埋怨的呢？'现在大王不穿帝王的服装，却按照百姓的规矩行事，从而被人所伤，这也是符合情理的。"于是吴王沉默无言。

文公出田

【原文】晋文公出田，逐兽，砀入大泽，迷不知所出。其中有渔者，文公谓曰："我若君也，道安从出？"渔者曰："臣愿有献。"文公曰："出泽而受之。"于是送出泽。渔者曰："鸿鹄保河海之中，厌而欲数移，徙之小泽，则必有丸矰之忧；鼋鼍保深渊，厌而出之浅渚，则必有罗网钓射之忧。今君逐兽，砀入至此，何行之太远也！"文公曰："善哉！"谓从者记渔者名。渔者曰："君何以名为？君其尊天事地，敬社稷，固四国，慈爱万民，薄赋敛，轻租税者，臣亦与焉。君不敬社稷，不固四国，外失礼于诸侯，内逆民心，一国流亡，渔者虽有厚赐，不得保也。"遂辞不受，曰："君亟归国，臣亦反渔所。"（群书治要·新序）

【译文】晋文公外出打猎，因为追逐野兽，冲进了一片大沼泽地，迷失了方向，找不到出路。这时见到一位渔夫，文公对他说："我是你的君主，从哪条路能走出去呢？"渔夫说："下民只求您听我的一点献言。"文公说："等走出去再听吧。"渔夫于是送文公走出这片大沼泽。（走出沼泽后）渔夫说："鸿雁、天鹅安居在大河大海之中，住腻了便想迁移，迁到小小的湖泽，那就必有被弹丸弓箭射中的危险；绿团鱼、扬子鳄安居在深渊里，住腻了，就出游到浅处的河洲旁，那就必有遇到罗网钓钩的危险。现在大王追野兽远行，进入这片大泽，您走得太远了吧！"文公说："说得对呀！"遂告诉随从记下渔夫的姓名（予以奖赏）。渔夫说："大王何必记下我的姓名呢？大王若能尊崇天地，慎重对待祖宗基业，固守边境，慈爱万民，减轻租税，草民也就能分沾一份幸福了。大王若不珍惜祖宗基业，不固守边境，对外失礼于诸侯，对内违背民意，使全国百姓颠沛流离，草民纵然得了重赏，也不能保住啊。"于是谢绝了赏赐，说："大王赶快回都城，草民也回去打鱼了。"

田巴智明

【原文】齐有田巴先生者，行修于内，智明于外。齐王闻其贤，聘而将问政焉。田巴先生改制新衣，髻饰冠带，顾谓其妾曰：“何若？”其妾曰：“佼。”将出门，问其从者曰：“何若？”从者曰：“佼。”过于淄水自窥，丑恶甚矣。遂见齐王，齐王问政焉，对曰：“政在正身。正身之本，在于群臣。今者大王召臣，臣改制髻饰，将造公门，问于妾，妾爱臣，谀臣曰‘佼’；将出门，问从者，从者畏臣，曰‘佼’。臣临淄水而观影，然后自知丑恶也。今齐之臣妾谀王者，非特二人也。王能临淄水，见己之恶，过而自改，斯齐国治矣。”（群书治要·新序）

【译文】齐国有一个叫田巴先生的人，自身品行美好，聪慧显扬于外界。齐王闻说他贤明，要聘他入朝，打算询问政事。田巴先生行前，改穿了新做的衣服，修饰须发，戴冠束带，回头问他的妾：“怎么样？”他的妾说：“漂亮。”将要出门时，问跟从他的人：“怎么样？”跟从的人说：“漂亮。”经过淄河时自照其影，发现自己很丑。于是去见齐王。齐王询问国家大政，他回答说：“为政的根本在于端正自身，端正自身的根本在于群臣。现在大王召见我，我改穿了新制之衣，修饰须发，将前往公府。我问妾，妾偏爱我，恭维我说‘漂亮’；将出门时，问跟从的人，跟从的人畏惧我，也说‘漂亮’。我面对淄河水观看身影，这才知道自己貌丑。现在齐国的大臣、后妃恭维大王的，不仅仅是两个呀。大王如果能面对淄水，发现自己的缺点，有过失便自己改掉，这齐国就能治理好了！”

邻人疑鈇

【原文】人有亡鈇者，意其邻之子，视其色、言语、动作、态度，无为而不窃鈇〔窃，盗〕。掘其谷得其鈇〔谷，坑〕，他日复见其邻之子，动作态度，无似窃鈇者。其邻之子非变也，己则变之。变之者无他，有所尤也。（群书治要·吕氏春秋）

【译文】有个人丢失了斧子，怀疑是其邻居的儿子所偷，看他的神色、言语、动作、态度等，没有不像偷斧子者。后来在挖坑的时候发现了那把斧子，他日再见到他邻居的儿子，动作、态度都不像偷斧子的人。（其实）他邻居的儿子没有变，是他自己变了。这种变化没有别的原因，是自己有所失误。

积善第七

于公积德

【原文】于定国，字曼倩，东海人也。其父于公为郡决曹，决狱平。罗文法者，于公所决皆不恨。郡中为之生立祠，名曰“于公祠”。定国少学法于父，为廷尉。其决疑平法，务在哀鳏寡，罪疑从轻，加审慎之心。朝廷称之曰：“张释之为廷尉，天下无冤民；于定国为廷尉，民自以为不冤。”迁御史大夫。为丞相。始定国父于公，其闾门坏，父老方共治之。于公谓曰：“少高大闾门，令容驷马高盖车。我治狱，未尝有所冤，子孙必有兴者。”至定国为丞相，子永为御史大夫，封侯传世云。（群书治要·汉书）

【译文】于定国，字曼倩，东海郡人。他父亲于公为东海郡判决案件的官员，判决案件很公平。凡遭受到法律制裁的人，对于公所判决的案子都无怨言。郡里为还活在世上的于公建立祠堂，名曰“于公祠”。于定国少年时跟从父亲学习法律，后来做了廷尉。他判处疑案公平用法，务求做到哀怜鳏寡之人，罪证有疑点时从轻处治，格外保持详察谨慎之心。朝廷上下都称赞他说：“张释之做廷尉，天下没有受冤枉的人；于定国做廷尉，百姓自认为不受冤枉。”于定国被迁升为御史大夫，后官至丞相。当年，于定国父亲于公所住的巷子门坏了，同乡的父老们正要一起整修，于公对大家说：“稍微把巷子的门修得高大一些，使其能让四匹马拉的高盖车通过。我办理狱案，从来没有冤枉的，后世子孙必定会有兴旺发达的人。”到于定国做丞相时，他儿子于永为御史大夫，几代人都封侯传世。

平王为善

【原文】东平王苍，显宗同母弟也。少好经书，雅有智思，显宗甚爱重之。及即位，拜骠骑将军，位在三公上。在朝数载，多所隆益，而自以至亲辅政，声望日重，意不自安。数上疏，乞上印绶，退就藩国，诏不听。其后数陈乞，辞甚恳切，乃许远国，而不听上将军印绶，加赐钱五千万、布十万匹。永平十一年，苍与诸王朝京师。月余还国，帝临送，归宫，凄然怀思，乃遣使手诏，告诸国中傅曰："辞别之后，独坐不乐，因就车归，伏轼而吟：瞻望永怀，实劳我心。诵及《采菽》，以增叹息。日者问东平王，处家何等最乐，王言为善最乐。其言甚大，副是腰腹矣。"（群书治要·后汉书）

【译文】东平王刘苍，是汉明帝的同胞兄弟。他年轻时好读经书，很有智慧和才识，明帝非常关爱器重他。到明帝即位，任刘苍为骠骑将军，位在三公之上。他在朝廷的几年中，有很多善政，但他认为至亲辅政，声望日高，心里感到不安。多次上疏，请求交还印绶，退而回到藩国，明帝没有允许。以后又屡经陈情，言辞非常恳切，才让他回到藩国，却没有允许他交回上将军印绶，加赏赐钱五千万、布十万匹。永平十一年，刘苍和诸侯王到京师朝见天子。月余，还国，明帝亲自送别。回宫后，明帝凄然怀念兄弟情谊，就派遣使者持手诏告各诸侯国中傅说："辞别之后，独坐不乐，因而在回宫的车驾上，伏在车轼上吟诗，'瞻望永怀，实劳我心'，当吟诵到《采菽》一诗，更增加了感叹。以前我问东平王，什么是人世间最大的快乐，东平王说做好事最快乐。这种说法太伟大了，符合他的胸怀。"

陆凯责定

【原文】陆凯，字敬风，吴郡人也。孙晧立为左丞相。时殿上列将何定，佞巧便僻，贵幸任事，凯面责定曰："卿见前后事主不忠，倾乱国政，宁有得以寿终者？何以专心奸邪，秽尘天听？宜自改厉。不然，方见卿有不测之祸矣。"定大恨凯，思中伤之，凯终不以为意，乃心公家，义形于色。疾病，晧遣中书令董朝，问所欲言，凯陈："何定不可任用，宜授外任，不宜干与事（干与事今本作委以国事）。姚信、楼玄、贺邵、张悌、郭逴、薛莹，或清白忠勤，或姿才卓茂，皆社稷之桢干，国家之良辅，愿陛下重留神思，访以时务。"（群书治要·三国志）

【译文】陆凯，字敬风，吴郡（吴县）人。孙晧当皇帝后，陆凯升任左丞相。当时负责殿堂警卫的将领何定，为人奸滑，善于逢迎谄媚，受到孙晧的宠信而担任要职，陆凯当面责备他说："你看古往今来侍奉君主不忠心、扰乱朝政的奸臣，难道有得以善终的吗？你为什么只做奸邪之事，使圣上的耳朵蒙上污秽和尘土？你要好生改悔，不然的话，就要看到你遭受不测之祸了。"何定因此对陆凯恨之入骨，总想找机会中伤他。陆凯始终不在意，一心为公，忠义显现于神色。陆凯患病，孙晧派中书令董朝去问他想留下什么话，陆凯说："何定不可任用，应当授给他宫廷以外的闲职，不能让他参与政事。姚信、楼玄、贺邵、张悌、郭逴、薛莹六人，有的清廉纯洁，忠诚勤恳，有的品质才能卓越美好，都是国家的支柱，朝廷的优秀辅佐，但愿陛下多多留心，向他们咨询政事。"

退隐第八

周党不仕

【原文】周党，字伯况，太原人也。世祖引见，党伏而不谒，自陈愿守所志，帝乃许焉。博士范升奏毁党曰："臣闻尧不须许由、巢父，而建号天下；周不待伯夷、叔齐，而王道以成。伏见太原周党，陛见帝庭，不以礼屈，伏而不谒，偃蹇骄悍，夸上求高，皆大不敬。"书奏，天子以示公卿。诏曰："自古明王圣主，必有不宾之士。伯夷、叔齐不食周粟，太原周党不受朕禄，亦各有志焉。"其赐帛四十匹。党遂隐居。（群书治要·后汉书）

【译文】周党，字伯况，太原郡人。光武帝引见，周党伏在地上而不拜见，自称希望能安守素志，光武帝答应了他的请求。博士范升上书批评周党说："臣听说唐尧不需要许由、巢父，而建立帝号于天下；周朝不等待伯夷、叔齐，而王者之道仍然成功。臣私下认为太原周党，上朝参见天子，不屈于礼，伏在地上却不拜，高傲骄悍，谋求高位，都是大不敬的表现。"奏书呈上，光武帝拿来让公卿们看。诏曰："自古明王圣主，必然会遇到不愿宾服的人士。伯夷、叔齐不食周粟，太原周党不受朕的俸禄，这也是人各有志的表现。"赏赐周党帛四十匹。周党最终隐居不仕。

严光隐居

【原文】严光，字子陵，会稽人也。少有高名，与世祖同游学。及世祖即位，光乃变名姓，隐身不见。帝乃令以物色访之，至舍于北军，给床褥，大官朝夕进膳。车驾幸其馆，光卧不起，帝即其卧所，抚光腹曰："咄咄子陵，不可相助为治耶？"光眠不应，良久，乃张目熟视曰："昔唐尧著德，巢父洗耳。士故有志，何至相迫乎？"帝曰："子陵，我竟不能下汝耶？"于是升舆，叹息而去。

复引光入，论道旧故，相对累日，除为谏议大夫，不屈，乃耕于富春山。年八十，终于家。帝伤惜之，赐钱百万、谷千斛。（群书治要·后汉书）

【译文】严光，字子陵，会稽郡人。他在年轻时就有很高的名声，和光武帝一同游历求学。到光武帝即位，严光改换姓名，隐居不见，光武帝就下令凭当年形貌访到了他，把他安置在北军，赐给床褥，由太官早晚进膳。光武帝车驾到馆舍看望，严光睡着没有起身，光武帝就到他睡的地方，抚摸着严光的肚子说："啊呀子陵，难道不能帮助我治理国家吗？"严光只是睡着不应声，过了好久，才睁开眼睛看了好一会儿说："昔日唐尧很有德行，但巢父却在洗耳。人各有志，何必来强迫呢？"光武帝说："子陵，我竟不能说服你吗？"于是上了车驾，叹息着离开了。

后来又召严光入宫，谈论往事，谈了很多天，拜为谏议大夫。严光不就，于是在富春山种田。年八十，终老于家。光武帝很痛惜，赐钱百万、谷一千斛。

汉滨老父

【原文】汉滨老父者，不知何许人也。桓帝延熹中，幸竟陵，过云梦，临沔水，百姓莫不观者，有老父独耕不辍。尚书郎南阳张温异之，使问曰："人皆来观，老父独不辍，何也？"父笑而不对。温自与言，老父曰："我野人耳，不达斯语。请问天下乱而立天子耶？

理而立天子耶？立天子以父天下耶？役天下以奉天子耶？昔圣王宰世，茅茨采椽，而万民以宁。今子之君，劳民自纵，逸游无忌。吾为子羞之，子何忍欲人观之乎？”温大惭。问其名姓，不告而去。（群书治要·后汉书）

【译文】汉阴有位老者，不知叫什么名字。延熹年间，桓帝到竟陵，经过云梦，亲临沔水，老百姓无人不来观看，有一位老者仍然耕作不止。尚书郎南阳张温感到这人很奇异，让人问他说：“人都来观看，您老却不停止耕作，这是为什么呢？”老者笑而不答。张温亲自和老者谈话，老者说：“我是个草野之人，不了解你的问话。请问，是为天下乱才立天子呢？还是为天下治而立天子呢？立天子为的是给天下人父亲一样的关爱呢？还是役使天下人来侍奉天子呢？以前圣王主宰天下，以茅草做屋顶，以树木做椽，老百姓因而过着安宁的日子。现在你的君王，劳民自纵，安逸无所顾忌，我真替你羞耻，你何忍心想让人朝见他呢？”张温感到非常羞愧。问老者的名姓，老者未告知而走开了。

谦德第九

周公诫子

【原文】昔成王封伯禽于鲁，将辞去。周公戒之曰：“往矣，子其无以鲁国骄士也。我文王之子、武王之弟、今王之叔父也，又相天子，吾于天下不轻矣。然尝一沐而三捉发，一食而三吐哺，犹恐失天下之士。吾闻之曰：‘德行广大，而守以恭者荣；土地博裕，而守以俭者安；禄位尊盛，而守以卑者贵；人众兵强，而守以畏者胜；聪明睿智，而守以愚者益；博闻多记，而守以浅者广。此六守者，皆谦德也。贵为天子，富有四海，德不谦者，失天下亡其身，桀纣是也，可不慎乎！’故《易》有一道，大足以守天下，中足以守国家，小足以守其身，谦之谓也。夫天道毁满而益谦，地道变满而流谦，鬼神害满而福谦，人道恶满而好谦。〔《易》曰：‘谦，亨，君子有终，吉。’〕子其无以鲁国骄士矣。”（群书治要·说苑）

【译文】从前周成王把周公的儿子伯禽封在鲁地。伯禽即将告辞离去，周公告诫他说：“你去了之后，不要仗恃自己是鲁国国君而对士人傲慢。我是周文王的儿子，周武王的弟弟，当今成王的叔父，又辅佐天子，我的地位在天下来说也不算轻了，但是我曾经在洗头时就几次握着头发见客，在吃饭时几次吐出口中的食物去见客，还恐怕漏掉天下的贤士。我听说：‘道德品行宽广博大却又坚持恭谨的人才会荣耀；土地广阔富饶却又坚持节俭的人才会安乐；俸禄多爵位高却又坚持谦卑的人才会尊贵；兵员多、武器精却又保持戒惧的人才会获胜；聪明机智却又保持愚拙姿态的人才会受益；博闻强记却又保持浅陋态度的人才会更加广博。’这六种操守，都是谦虚的美德。贵为天子，富有四海，品德不谦逊的，会失去天下、败亡自身。桀、纣就是这样的人，能不谨慎吗？所以《易经》上说：‘有一种处世之道，大能保住天下，中能保住国家，小能保住自身，说的就是谦逊’。天道是减损自满者而增益谦逊者；地道是改变自满者而流向谦逊者；鬼神是伤害自满者而保佑谦逊者；人道是厌恶自满者而喜欢谦逊者。《易》上说：‘谦卦，亨通，君子有好结果，吉祥。’你一定不能倚仗拥有鲁国就傲慢地对待士人啊！”

楚父后吊

【原文】孙叔敖为楚令尹，一国吏民皆来贺。有一老父后来吊，叔敖曰：“楚王不知臣不肖，使臣受吏民之垢，人尽来贺，子独后来吊，岂有说乎？”父曰：“有。身已贵而骄人者，民去之；位已高而擅权者，君恶之；禄已厚而不知足者，患处之。”叔敖再拜曰：“敬受命，愿闻余教。”父曰：“位已高而意益下，官益大而心益小，禄已厚而慎不敢取。君谨守此三者，足以治楚矣。”（群书治要·说苑）

【译文】孙叔敖做了楚国令尹，全都城的官吏和百姓都来祝贺。有一个老人最后来表示怜悯。孙叔敖说：“楚王不知道我德才不佳，以致使我忝居高位而受官民们的责骂，现人们都来祝贺，只有你最后来表示怜悯，难道有什么道理要讲吗？”老人说：“有。身为显贵而对人傲慢的，百姓会离开他；职位很高而独揽大权的，国君会厌恶他；俸禄已经优厚却不知满足的，灾祸会跟着他。”孙叔敖再拜说：“恭敬地接受你的教诲，还希望听到其余的教诲。”老人说：“爵位很高而态度却越谦恭，官越大而内心却越谨慎，俸禄丰厚就更加小心，不敢妄取。你恭谨地坚守这三条，就能够治理好楚国了。”

宥坐之器

【原文】孔子观于鲁桓公之庙，有欹器焉。孔子问于守庙者曰：“此为何器？”对曰：“此盖为宥坐之器。”孔子曰：“吾闻宥坐之器，虚则欹，中则正，满则覆，明君以为诫，故置于坐侧也。”顾谓弟子曰：“试注水焉。”水实之，中则正，满则覆。夫子喟然叹曰：“呜呼！夫物恶有满而不覆者哉？”子路进曰：“敢问持满有道乎？”子曰：“聪明睿智，守之以愚；功被天下，守之以让；勇力振世，守之以怯；富有四海，守之以谦。此所谓损之又损之之道也。”（群书治要·孔子家语）

【译文】孔子在瞻仰鲁桓公的庙时，看到庙中有一个倾斜易覆的器皿。孔子向守庙人问道：“这是什么器具？”守庙人回答说：“这可能就是叫作‘宥坐’的器物了。”孔子说：“我听说过‘宥坐’这种器具，里面空时就倾斜，装东西适中时就端正，装满时就倒了。贤明的君王用此来警戒自己，所以放置在座位旁边。”他回头对学生们说：“试往里面装水。”水灌进里面，达到容器一半时就直立，装满时就倾倒。孔子非常感叹地说道：“哎呀！万物中有哪一个是装满了却不颠覆的呢？”子路上前来说道：“能不能问一下，想要保持装满却不倾倒，有办法吗？”孔子说：“聪明能干又有智慧，就要用愚笨的姿态来保持；功盖天下，就要用推让的姿态来保持；勇力震撼当世，就要用胆怯的恣态来保持；拥有四海的土地财富，就要用谦逊的姿态来保持。这就是所说的‘谦退再谦退’的方法。”

慎言第十

金人三缄

【原文】孔子观周，遂入大祖后稷之庙。庙堂右阶之前，有金人焉，叁缄其口，而铭其背曰："古之慎言人也。戒之哉！无多言，多言多败；无多事，多事多患。安乐必诫〔虽处安乐，必警诫也〕，无行所悔〔所悔之事，不可复行〕。勿谓何伤，其祸将长；勿谓何害，其祸将大；勿谓不闻，神将伺人。焰焰不灭，炎炎若何；涓涓不壅，终为江河。绵绵不绝，或成网罗〔绵绵微而不绝，则有成网罗者〕；豪末不扎〔如豪之末，言微也；扎，拔也〕，将寻斧柯〔寻，用〕。诚能慎之，福之根也；口是何伤，祸之门也。强梁者不得其死，好胜者必遇其敌。盗憎主人，民恶其上。君子知天下之不可上也，故下之；知众人之不可先也，故后之。温恭慎德，使人慕之；执雌持下，人莫逾之。人皆趣彼，我独守此；人皆惑惑，我独不徙〔惑惑，东西转移之貌〕。内藏我智，不示人技。我虽尊高，人弗我害，唯能于此。天道无亲，常与善人，戒之哉！戒之哉！"孔子既读斯文，顾谓弟子曰："小子志之，此言实而中、情而信。"（群书治要·孔子家语）

【译文】孔子去游览周朝的都城，前往瞻仰周的太祖后稷的祠宇。祠宇右边台阶之前，有一座铜铸造的人像。人像的口上被封了三重，它的背上刻了铭文说："这是古代说话非常谨慎的人。大家要警戒啊！不要多言，多言之人往往多败；不要多事，多事之人每每多患。即使生活在安乐的环境中，也一定要戒慎恐惧，不要再做那些会令自己后悔的事。不要认为没有什么损伤，那引起的祸患将要影响深长；不要说没有什么损害，那引起的祸患将要继续扩大；更不要认为没有人知道，神明正在观察着你呢。火刚冒烟的时候，你不去扑灭它，到了火势很大的时候，又怎么办呢？水还是细流的时候，不去堵塞它，那么最后就要扩大成为长江大河的。细微的线缕，如果不去扯断它，有的就可能被织成大的网罗；最小的幼苗，如果不去拔除它，将来就非用斧头不可啊。假如真能慎之又慎，那就是致福的根基；多嘴多舌不是没有损害，它正是致祸的门径。横暴的人往往得不到善终，好胜的人一定遇到强敌。如同盗贼不喜欢碰到物主，百姓总是埋怨高高在上的人。君子深知不可高高在上，所以要谦下一些；深知不可老是站在前头，所以退居后面。温厚恭谨，戒慎仁德，会使人仰慕；坚持安抚之道，谦虚下人，人们永远超越不了他。人人都追逐浮华，夸夸奇谈，只有我坚守此道；人人都东奔西走，唯我独自坚守不移。把我的智慧藏在内心深处，在别人面前不显露自己的技能。即使处于尊贵的地位，别人也不会伤害我的。上天不论亲疏，却只扶助那些行善之人。要警戒呀！”孔子读完这篇铭文，回头对弟子们说：“你们年轻人要记住这些教诲啊！这些话说得很具体而又很中肯，说得合乎情理而又很有说服力。”

卷四 治国

治本第一

周之所盛

【原文】孔子观于明堂，睹四方之墉〔墉，墙〕。有尧舜桀纣之象，而各有善恶之状，兴废之诫焉。又有周公相成王，抱之而负斧扆，南面以朝诸侯之图焉。孔子徘徊而望之，谓从者曰："此则周之所以盛也。夫明镜者，所以察形；往古者，所以知今。人主不务袭迹于其所以安存，而忽怠于（怠于下有其字）所以危亡，是犹未有以异于却步，而欲求及前人也，岂非惑哉？"（群书治要·孔子家语）

【译文】孔子在周天子宣讲政教、举行大典的明堂参观时，他观看了四周的墙壁。墙上有尧帝、舜帝、夏桀、商纣的画像，而且各有慈善或凶恶的神态，这其实就是一种国家兴亡的警戒。还有周公辅佐成王时，怀抱着成王而背靠斧纹图形屏风、面南而坐来接受诸侯朝见的画面。孔子望着这些图像来回不停地走动，对身边跟随的人说："这就是周朝之所以繁荣兴盛的原因了。明亮的镜子是用来视察形体的，从前之事是用以启发当今之人的。如果一个君主不努力追循前朝之所以能安稳存在的足迹，并且又不重视其之所以危亡的原因，这就好像一如往常地倒退行走，却期求能赶上前人，这难道不糊涂吗？"

何必曰利

【原文】孟子见于（原注无于字）梁惠王。王曰："叟不远千里而来，亦将有以利吾国乎？"孟子对曰："王何必曰利？亦曰仁义而已矣〔王何必以利为名乎？亦惟有仁义之道可以为名耳。以利为名，则有不利之患矣！〕。王曰‘何以利吾国’？大夫曰‘何以利吾家’？士庶人曰‘何以利吾身’？上下交征利，而国危矣〔征，取也。从王至庶人，各欲取利，必至于篡弑〕。未有仁而遗其亲者也，未有义而后其君者也。”梁惠王曰：“寡人愿安承教。”〔愿安，意承受孟子之教命。〕孟子对曰：“杀人也（原注无也字），以梃与刃，有以异乎〔梃，杖也〕？”曰：“无以异也。”“以刃与政，有以异乎？”曰：“无以异也。”〔以刃与政杀人无异也。〕“庖有肥肉，厩有肥马，民有饥色，野有饿殍，此率兽而食人也。兽相食，且人恶之，为民父母行政，不免率兽而食人，恶在其为民父母也。”〔为政乃若率禽兽食人，安在其为民父母之道。〕（群书治要·孟子）

【**译文**】孟子拜见梁惠王。惠王说：“您不远千里而来，一定会给我国带来利益吧？”孟子答道：“大王！为何一定要谈利益呢？只要讲求仁义就足够了。假如大王说‘怎样才能对我的国家有利呢’？大夫说‘怎样才能对我的家族有利呢’？士子和平民说‘怎样才能对我自己有利呢’？如此全国上下互相争利，国家就会处于危险境地了。没有讲求‘仁’却遗弃其父母者，也没有讲求‘义’却怠慢其国君者。”梁惠王说：“我愿听您指教！”孟子说：“只要是杀死人，用棍棒还是用刀子，有什么区别吗？”惠王说：“无区别。”孟子又问：“用刀子杀死人和用政治害死人，有什么区别吗？”惠王说：“亦无区别。”孟子接着说：“厨房里储藏着肥嫩的肉，圈栏里养着健壮的马，然而百姓却面带饥色，郊野有饿死的尸体，这就等于率领野兽来吃人啊！野兽互相捕斗而食，人们尚且厌恶它，那么作为百姓的父母官去管理政事，却不能避免率领兽类来吃人，怎配做百姓的父母官呢？”

晏子论礼

【原文】景公饮酒数日，释衣冠（释衣冠原作去冠披裳），自鼓盆瓮，问于左右曰："仁人亦乐此乐乎？"梁丘据对曰："仁人之耳目犹人也，夫何为独不乐此乐也！"公令趋驾迎晏子，晏子朝服以至。公曰："寡人甚乐，欲与夫子同此乐，请去礼。"对曰："群臣皆欲去礼以事君，婴恐君之不欲也。今齐国小童，自中以上，力皆过婴，又能胜君，然而不敢者，畏礼义也。上（上原作君）若无礼，无以使下；下若无礼，无以事上。夫人之所以贵于禽兽者，以有礼也。婴闻之，人君无礼，无以临其邦；大夫无礼，官吏不恭；父子无礼，其家必凶。《诗》曰：'人而无礼，胡不遄死。'故礼不可去也。"公曰："寡人不敏无良，左右淫蛊寡人，以至于此，请杀之。"晏子曰："左右无罪。君若无礼，则好礼者去，无礼者至；君若好礼，则有礼者至，无礼者去矣。"公曰："善。"请易衣冠，粪洒改席。召晏子。晏子入门，三让升阶，用三献礼焉；再拜，而出。公下拜，送之，彻酒去乐，曰："吾以章晏子之教也。"（群书治要·晏子）

【译文】景公嗜好饮酒，有一次竟连饮数日，酒酣之时，他竟脱衣摘帽，亲自敲击瓦盆奏乐，问身边各位近臣："仁德之人也喜好以此为乐吗？"梁丘据回答说："仁德之人的耳朵眼睛，同别人一样，他们怎么会偏偏不喜好以此为乐呢？"于是景公派人驾车去请晏子，晏子身穿朝服而来。景公说："我今天很高兴，愿与先生共同饮酒作乐，请你免去君臣之礼。"晏子答道："假如群臣都想免去礼节来侍奉您，我怕君主您就不愿意了。现在齐国的孩童，凡身高中等以上者，力气都超过我，也能胜过您，然而却不敢作乱，是因为惧怕礼义啊！君主假如不讲礼义，就无法役使下属；下属如果不讲礼义，就无法侍奉君主。人之所以比禽兽尊贵，就是因为有礼义啊！我听说，君主如果不是因为礼义，就无法正常地治理国家；大夫如果不是因为礼义，底下官吏就会不恭不敬；父子之间如果没有礼义，家庭就必有灾殃。《诗经》中说：‘人如果不遵守礼义，为什么不赶快去死？’可见礼义不可免除啊！”景公说：“我自己不聪敏，也没有好的近臣，加之他们迷惑、引诱我，以至于如此，请处死他们！”晏子说：“身边的近臣没有罪。如果君主不讲礼义，那么讲究礼义之人便会悄然离去，不讲礼义之人就会纷至沓来；君主如果讲究礼义，那么讲究礼义之人就会纷至沓来，不讲礼义之人便会悄然离去。”景公听后说道：“先生说得好啊！”于是景公让人换了衣冠，令下人洒扫庭院，更换坐席，然后重新请晏子。晏子进入宫门，经过三次谦让，才登上台阶，采用的是“三献之礼”。随即，晏子再行拜别之礼，准备离去，景公以礼送别，然后命令下人撤掉酒宴，停止音乐，并对身边臣子说：“我这么做是为了显扬晏子的教诲。”

庞暖论医

【**原文**】悼襄王问庞暖曰：“夫君人者，亦有为其国乎？”庞暖曰：“王独不闻俞拊之为医乎？已识必治，神避之。昔尧之任人也，不用亲戚，而必使能。其治病也，不任所爱，必使旧医。”襄王曰：“善。”庞暖曰：“王其忘之乎？昔伊尹医殷，太公医周，百里医秦，申麃医郢，原季医晋，范蠡医越，管仲医齐，而立五国霸。其善一也，然道不同数。”襄王曰：“愿闻其数。”暖曰：“王独不闻魏文侯之问扁鹊耶？曰：‘子昆弟三人，其孰最善为医？’扁鹊曰：‘长兄最善，中兄次之，扁鹊最为下也。’文侯曰：‘可得闻耶？’扁鹊曰：‘长兄于病视神，未有形而除之，故名不出于家。中兄治病，其在毫毛，故名不出于闾。若扁鹊者，镵血脉，投毒药，割肌肤，而名出闻于诸侯。’文侯曰：‘善。’使管子行政以扁鹊之道，则桓公几能成其霸乎！”（群书治要·鹖冠子）

【译文】悼襄王问庞暖：“统治人民的人，也有治理国家的方法吗？”庞暖说：“君主难道没有听说过俞拊行医的事吗？既知道病因，便一定要治好，连神鬼也避让于他。昔日尧帝用人，不任用其亲戚，而必定使用有才能者。他若治疗疾病，不用所喜爱之人，定会使用曾为之治病的医生。”悼襄王说：“很对！”庞暖说：“君主难道忘了吗？从前伊尹医治殷朝之弊病，太公医治周朝之弊病，百里奚医治秦国之弊病，申麃救治楚国郢都之患，原季医治晋国之弊病，范蠡医治越国之弊病，管仲医治齐国之弊病，才成就这五国之霸业。这几人同样都是贤才，但其治理之道却有着不同的时机。”悼襄王说：“希望听你讲一讲‘时机’。”庞暖说：“君主难道没有听说过魏文侯询问扁鹊的事吗？魏文侯问道：‘你兄弟三人，其中谁最善于治病？’扁鹊说：‘大哥医术最高，二哥次之，我的医术在他俩之下。’文侯说：‘可以请你说得详细些吗？’扁鹊说：‘大哥对于疾病，在其隐伏未发之时便能看到，并在未出现症状时便除去病源，所以他的名声传不出病人之家。二哥医治疾病，是在病情十分轻微时便予以治愈，所以名声传不出病人所在村巷。像我扁鹊这样，（在病人病势沉重时）刺穿病人血脉，使用有毒性的药物，割开病人体肤，却能使名声传闻于诸侯。’文侯说：‘你讲得有道理。’试想，如果让管仲主持政务，却使用扁鹊治病的方法，那么齐桓公岂能成就他的霸业？”

童子天师

【原文】黄帝将见太隗乎具茨之山，方明为御，昌寓（遇疑有误）骖乘，张苦、謵朋（朋原作㑋）前马，昆阍、滑稽后车。至襄城之野，七圣皆迷，无所问涂。适遇牧马童子，问涂焉，曰："若知具茨之山乎？"曰："然。"曰："知太隗之存乎？"曰："然。"黄帝曰："异哉小童！非徒知具茨之山，又知太隗所存。请问为天下。"小童曰："夫为天下者，亦何以异乎牧马者哉？亦去其害马者而已矣。"〔马既过分为害〕黄帝再拜稽首，称天师而退。（群书治要·庄子）

【译文】黄帝到具茨山去拜访太隗，方明赶车，昌寓陪伴，张苦、謵朋在马前引路，昆阍、滑稽跟随于车后。来到襄城的郊野，七位圣人均迷失方向，而且无处问路。正巧遇到一位牧马少年，便去问路，说："你知道具茨山吗？"少年说："知道。"又问："你知道太隗居住在什么地方吗？"少年说："知道。"黄帝说："真奇怪啊！孩子，你不仅知道具茨山，而且知道太隗居住的地方。那请问你知道怎样治理天下吗？"少年说："治理天下者，跟牧马者又有什么不同呢？只不过去掉害群之马罢了！"黄帝听后，叩头至地行大拜之礼，口称"天师"而退去。

过闾而轼

【原文】魏文侯过段干木之闾而轼，其仆曰："君何为轼？"曰："此非段干木之闾与？段干木盖贤者也，吾安敢不轼。且段干木光于德，寡人光于地；段干木富乎义，寡人富乎财。地不如德，财不如义。寡人当事之者也。”遂致禄百万，而时问之，国人皆喜。居无几何，秦兴兵而欲攻魏。司马唐且谏秦君曰：“段干木，贤者也，而魏礼之，天下莫不闻，无乃不可加乎兵？”秦君以为然，乃案兵而辍，不攻魏。文侯可谓善用兵矣。夫君子之用兵也，莫见其形而功已成，此之谓也。野人之用兵也，鼓声则似雷，号呼则动地，尘气充天，流矢如雨，扶伤举死，履肠涉血，无罪之民，其死者已量于泽矣，而国之存亡、主之死生，犹未知也，其离仁义亦远矣。（群书治要·新序）

【译文】魏文侯经过段干木住的胡同大门前面时，总要伏在轼（车厢前的横木）上表示敬意，他的仆人问：“主公为什么要伏轼致敬？”文侯说：“这不是段干木住的那条胡同吗？段干木是贤德之士，我怎么敢不伏轼致敬呢？况且，段干木因德行高尚而荣光，寡人因国土较大而荣光；段干木富有的是道义，寡人富有的是钱财。地域不如德行，钱财不如道义，他是寡人应当服侍的人。”于是给段干木送去薪俸百万，经常向他请教，魏国人民都很高兴。过了不久，秦国动员军队要攻打魏国，司马唐且规劝秦国国君说：“段干木是位贤德之士，魏文侯非常尊敬他，天下无人不知，恐怕不可以发兵攻打吧！”秦国国君认为此话有理，就停止动员部队，不打魏国了。魏文侯可以说是善于用兵的人了。君子的用兵，未见其有所表露，而大功已告成，说的就是这种情形。粗鲁之人用兵，鼓声就像打雷，喊杀声震动大地，尘土满天，箭如雨下，搀扶伤员，抬走死者，人们踩着死者肠子、蹚过遍地血水，无辜的民众，其战死者足以填平一大片洼地，但是国家的存亡，君主的死活，都还在不可知之数。这离仁义之道也太远了。

曲突徙薪

【原文】淳于髡至邻家，见其灶突之直，而积薪在旁，曰：“此且有火灾。”即教使更为曲突，而徙远其薪。灶家不听。后灾，火果及积薪，而燔其屋，邻里并救击。及灭止，而烹羊具酒，以劳谢救火者，曲突远薪，固不肯呼淳于髡饮饭。智者讥之云：“教人曲突远薪，固无恩泽；焦头烂额，反为上客。”盖伤其贱本而贵末。岂夫独突薪可以除害哉？而人病国乱，亦皆如斯。是故良医医其未发，而明君绝其本谋。后世多损于杜塞未萌，而勤于攻击已成，谋臣稀赏，而斗士常荣，犹彼人殆失事之重轻。察淳于髡之预言，可以无不通，此见微之类也。（群书治要·桓子新论）

【译文】淳于髡到邻家，见他家炉灶烟道太直，而柴草又堆放在灶旁，就对邻居说：“这样早晚会发生火灾。”便指教邻人将直烟道改为弯烟道，并将柴草移往远处。邻人没有听从他的话。而后灶火落下，燃及柴草而烧着了房子，众邻里齐来救火。火被扑灭后，这失火者烹羊摆酒以答谢帮其救火的人，随后将烟道改为弯烟道，将柴草搬到远离炉灶的地方，却不肯请淳于髡吃饭。智者讥讽失火之人说：“教你将直烟道改为弯烟道、将柴草远离炉灶的人却不认为有恩泽，而那些帮助救火被烧得焦头烂额的人反成为座上宾。”这是为其不重视根本而看重末节而感到悲哀。难道只是改烟道和移柴草能免除灾害吗？人们生病、国家动乱，也都是如此。所以，高明的医生看病是在病未发之时就予以诊治，而圣明君主可以提前阻断动乱阴谋。后人多疏于杜绝尚未发生的动乱苗头，而勤于打击已成事实的动乱行动，那些当初为防止动乱而提出建议的大臣很少得到赏赐，而那些平息动乱之士却常显荣耀，这就如同那失火之人全然弄错了事情的轻重一样。明察淳于髡“曲突远薪”的预言，则对于事理没有不通晓的。这就是能见微知著的例子啊。

为政第二

孔子始诛

【原文】孔子为鲁大司寇，朝政七日，而诛乱法大夫少正卯，戮之于两观之下〔两观，阙也〕，尸于朝三日。子贡进曰："夫少正卯，鲁之闻人也。今夫子为政而始诛之，或者为失之乎？"孔子曰："天下有大恶者五，而盗窃不与焉。一曰心逆而险，二曰行僻而坚，三曰言伪而辨，四曰记丑而博〔丑，谓非义〕，五曰顺非而泽。此五者，有一于人，则不免于君子之诛，而少正卯皆兼有之。其居处足以撮徒成党〔撮，聚也〕，其谈说足以饰邪荧众，其强御足以反是独立。此乃人之奸雄也，不可以不除。"（群书治要·孔子家语）

【译文】孔子被任命为鲁国的大司寇（大法官），升堂理政才七天，就处死了扰乱礼法制度的大夫少正卯，将他在宫殿门外的两座高台上杀掉，且暴尸于朝堂三日。弟子子贡向孔子进言说："少正卯是鲁国的名人，现在先生一开始治理政事就杀了他，这样做是不是有些失当呢？"孔子说："天下的大罪恶有五类，而盗窃不在其中。一是心存悖逆而且阴险，二是行为邪僻而坚持不改，三是言语虚妄而巧言善辩，四是搜记不义而不厌其多；五是随顺邪恶而润饰美化。这五种罪恶，人若犯有一项，则难免受到君子的谴责，而少正卯五种兼有。他的住所足以聚集其门徒结成党派，他的言论足以掩饰邪心、迷惑众人，他积聚的力量足以叛逆礼法、谋求独立。这样的人正是人群中的奸雄，不可以不除掉啊！"

子产治政

【原文】郑子皮授子产政，子产使都鄙有章〔国都及边鄙，车服尊卑，各有分部也〕，上下有服〔公卿大夫，服不相逾〕，田有封洫〔封，疆也。洫，沟也〕，庐井有伍〔庐，舍也。九夫为井，使五家相保也〕。大人之忠俭者〔谓卿大夫〕，从而与之；泰侈者，因而毙之。从政一年，舆人诵之，曰："取我衣冠而褚之〔褚，畜也。奢侈者畏法，故畜藏也〕，取我田畴而伍之。孰杀子产，吾其与之〔并畔为畴〕！"及三年，又诵之，曰："我有子弟，子产诲之。我有田畴，子产殖之〔殖，生也〕。子产而死，谁其嗣之〔嗣，续也〕？"（群书治要·春秋左氏传）

【译文】郑国子皮把国政交付给子产，子产使国都和边塞地区各按一定的尊卑制度行事，公卿大夫各有不同服式，田地之间都有疆界和沟渠，住宅区居民有其编伍（五家一组，便于管理）。公卿大夫中忠贞俭朴的，就给以适当奖励；骄横奢侈的，就依法予以惩办。子产执政一年，众人唱道："收取我的衣帽来贮藏，收取我的田地编伍又丈量。谁去杀子产，我愿意帮忙！"到了第三年，众人唱道："我有子弟，子产来教诲；我有田地，子产使它繁盛。子产如果死了，有谁可以继任？"

西门豹治邺

【原文】魏文侯时，西门豹为邺令。邺三老、廷掾，常岁赋敛百姓，收取其钱，得数百万，用其二三十万为河伯娶妇，与祝巫共分其余钱。人家有好女者，持女逃亡。以故城中益空无人，又困贫。

俗曰："不为河伯娶妇，水来漂没。"至为河伯娶妇，送女河上。豹往会之，曰："是女不好，烦大巫妪入报，更求好女，后日送之。"即使吏卒共抱大巫妪，投之河中。有顷曰："巫妪何久也？弟子趣之！"复以弟子一人投河中。有顷曰："弟子何久也？"复使投之。凡投三弟子也。豹曰："巫妪弟子，女子也，不能白事，烦三老为入白之。"复投三老。豹曰："巫妪、三老不来奈何？"欲复使掾趣之。皆叩头，破额血流。豹曰："若皆罢归去。"吏民大惊恐，从是已后，不敢言为河伯娶妇。豹发民凿十二渠，引河水灌田。民烦苦不欲，豹曰："民可与乐成，不可与虑始。今虽患苦，然期令子孙思我。"至今皆得水利，民人以给足。故豹为邺令，泽流后世，无绝已时。子产治郑，民不能欺；子贱治单父，人不忍欺；西门豹治邺，人不敢欺。三子之才能，谁最贤哉？辨治者当能别之。（群书治要·史记）

【译文】魏文侯的时候，西门豹做邺县县令。邺县掌管教化的乡官、县府的群僚常年向老百姓征收税赋，搜刮老百姓的钱有几百万，用其中二三十万给河神娶媳妇，与主持祭河神的祭师及女巫共同瓜分剩余的钱。本县人家中有漂亮女子的，都带着女儿逃亡了。因此城里逐渐空虚，剩下的居民也更加穷困了。民间相传："如果不给河神娶媳妇，河水冲来就会淹没所有田庄和百姓。"到了为河神娶媳妇的日子，选定的女子被送到了河边。西门豹前去与大家会合。西门豹（看了新娘后）说："这个女子不漂亮，烦劳大巫婆入水报告河神，就说要另找一个漂亮女子，后天把她送来。"当即让官府的兵卒抬起大巫婆扔进河里。过了一会儿，西门豹说道："巫婆怎么一去这么久呢？徒弟去催促一下！"再把一个徒弟扔进河里。过了一会儿，他又说道："徒弟怎么一去这么久呢？"又把一个徒弟扔进河里。一共扔进三个徒弟。西门豹说："巫婆及其徒弟是女人，不会报告事情，相烦三老替我进去报告一下。”又把三老扔进河里。西门豹说：“巫婆、三老不回来，怎么办呢？”要再派县吏去催促。他们都叩头求饶，直至磕破额头，鲜血直流。西门豹说：“你们都回去休息吧。”邺县的官吏和百姓都非常惊慌害怕，从此以后，不敢再说给河神娶媳妇了。西门豹立即征发老百姓开凿了十二条渠道，引河水灌溉农田。(刚开始开渠的时候)百姓怨烦劳苦，不愿意干。西门豹说：“对百姓，只可以事后与他们共享成功，不可与他们事前商量如何开创。现在他们虽担忧劳苦，但期望使他们的子孙们想起我。”到现在，那里都还蒙受着修渠的好处，老百姓因而富足。所以西门豹做邺县的县令，恩泽流传后代，没有终了的时候。子产治理郑国，百姓不能欺骗他；宓子贱治理单父，百姓不忍心欺骗他；西门豹治理邺县，百姓不敢欺骗他。他们三个人的才能谁最高呢？明察的人自然能够分辨出来。

晏子宰阿

【原文】景公使晏子为阿宰，三年而毁闻于国。公不悦，召而免之。晏子谢曰：“婴知婴之过矣，请复治阿，三年而誉必闻于国。”公复使治阿，三年而誉闻于国。公悦，召而赏之，辞而不受。公问其故，对曰：“昔者婴之治阿也，筑蹊径，急门闾之政，而淫民恶之；举俭力孝悌，罚偷窳，而惰民恶之；决狱不避贵强，贵强恶之；左右之所求，法则与，非法则否，而左右恶之；事贵人，体不过礼，而贵人恶之。是以三邪毁乎外，二谗毁乎内，三年而毁闻乎君也。今臣更之，不筑蹊径，而缓门闾之政，而淫民悦；不举俭力孝悌，不罚偷窳，而惰民悦；决狱阿贵强，而贵强悦；左右所求言诺，而左右悦；事贵人体过礼，而贵人悦。是以三邪誉于外，二谗誉乎内，三年而誉闻于君也。昔者婴之所以当诛者宜赏，而今之所以当赏者宜诛，是故不敢受。”景公乃任以国政焉。（群书治要·晏子）

【译文】景公委派晏子任阿城的最高长官。过了三年，诋毁晏子的话就传遍全国。景公很不悦，便召回晏子欲将其罢免。晏子谢罪说：“君主，我已知道我的过错，请允许我再去治理阿城，三年之后，好名声必会传遍全国。”景公便又委派他去治理阿城。三年之后，好名声果然传遍全国。景公喜悦，召回晏子欲赏赐他。晏子推辞不受。景公问为什么不愿受赏，晏子答道：“以前，我治理阿城的时候，修筑小路，加强住宅、里巷门户防务，以致邪恶之人憎恨我；提倡生活节俭、力行孝顺父母、热爱兄长，惩罚苟且、懒惰的人，以致懒惰之人怨恨我；判决诉讼不包庇显贵、豪强，以致显贵豪强厌恶我；身边同事有所求，合法的给予，不合法的不给，以致左右之人讨厌我；接待地位显贵之人，亲近程度不超过礼义规定，地位显贵之人不喜欢我。于是，三种邪恶之人在外边毁谤，两种谗佞之人在内部毁谤，因此，三年内这些毁谤都传到您的耳边了。如今，我改变了原来的做法，停止修筑小路，放松住宅、里巷门户防务，邪恶之人便高兴；不推崇生活节俭、尽力孝顺父母、亲爱兄长，不惩罚苟且懒惰之人，懒惰之人便高兴；判决诉讼时偏袒显贵豪强，显贵豪强便高兴；身边之人有所求，全都答应，我左右之人都高兴；接待地位显赫之人，亲近程度超过礼义规定，地位尊贵之人高兴。因此，三种邪恶之人在外部称赞，两种谗佞之人在内部称赞，于是三年内，我的好名声就传到您的耳边了。以前，我受到责备的那些事情，实际上应该受到奖赏；如今，我受到奖赏的这些事情，实际上应该受到责罚，所以我不敢接受赏赐。”景公听罢，深有所悟，便将国家政事委托给他。

卜式牧羊

【原文】卜式，河南人也。以田畜为事。时汉方事匈奴，式上书，愿输家财半助边。上使使问式：“欲为官乎？”式曰：“自少牧羊，不习仕宦，不愿也。”使者以闻。上乃召拜式为中郎，赐爵左庶长，田十顷，布告天下，尊显以风百姓。初式不愿为郎，上曰：“吾有羊在上林中，欲令子牧之。”式既为郎，布衣草蹻而牧羊。岁余，羊肥息。上过其羊所，善之。式曰：“非独羊也，治民亦犹是矣。以时起居，恶者辄去，无令败群。”上奇其言，欲试使治民。拜式缑氏令，缑氏（旧无此缑氏二字，补之）便之。迁齐王大傅，转御史大夫。（群书治要·汉书）

【译文】卜式，河南郡人，以种田畜牧为业。当时汉朝正和匈奴发生战事，卜式上书，愿意拿出家中财产的一半来捐助边防军备。皇上派遣使者询问卜式：“想做官吗？”卜式回答说：“我自小牧羊，不习惯做官，这不是我的期望。”使者把这个情况禀报给皇上，皇上于是召卜式做了中郎，赐其左庶长爵位，田地十顷，并将此事布告天下，以示尊贵，来鼓励百姓向他学习。当初，卜式不愿意做郎官，皇帝说：“我有羊群在上林苑中，想命你去放牧。”卜式做了郎官之后，身穿布衣足登草鞋而牧羊。一年多后，羊长得肥壮也繁殖得很多。皇帝从他牧羊的地方经过，称赞他。卜式说：“不仅牧羊是这样，治理百姓也和牧羊的道理一样。对羊要使其按时起居，不好的羊要当即除去，不要让它祸害羊群。”皇帝认为这话很奇特，打算试着让他做官治理百姓，便拜卜式为缑氏县令，缑氏县因而得利。后来，他调任齐王的太傅，再后来又转任御史大夫。

仁及小鱼

【原文】宓子治单父三年〔宓子，子贱也〕，而巫马期〔巫马期，孔子弟子也〕往观化焉〔微视之〕。见夜渔者，得鱼则释之，问焉。渔者对曰：“宓子不欲人之取小鱼也，所得者小鱼，是以释之。”巫马期归，以报孔子曰：“宓子之德至矣！使人暗行，若有严刑在其侧者。宓子何以至于此？”孔子曰：“丘尝问之以治，言曰：‘诚于此者形于彼。’宓子必行此术也。”（群书治要·淮南子）

【译文】宓子贱治理单父的第三年，孔子的弟子巫马期去观察该地的风气如何。巫马期见有人在夜间捕鱼，捕得后又将鱼放了，便询问捕鱼人。渔夫回答说：“宓子贱不愿让人捕捞正在成长的小鱼。我刚捕到的是些小鱼，因而就把它们放了。”巫马期回去后把所见所闻向孔子做了汇报，说：“宓子贱的德政好到极点了！他能使人私下做事时也像严刑峻法就在身边一样。宓子贱为什么能达到这种治理成效呢？”孔子说：“我曾经向宓子贱询问他用什么方法治理政务，他说道：‘（为政者）精诚的仁爱之心表现在身边小事上，就能在（百姓中）产生深远的影响。’宓子贱一定是施行的这种治理方法。”

臧孙猛政

【原文】臧孙行猛政，子贡非之。臧孙召子贡而问曰：“我不法耶？”曰：“法矣。”“我不廉耶？”曰：“廉矣。”“我不能事耶？”曰：“能事矣。”臧孙曰：“三者吾唯恐不能，今尽能之，子尚何非耶？”子贡曰：“子法矣，好以害人；子廉矣，好以骄上；子能事矣，好以陵下。夫政者犹张琴瑟也，大弦急则小弦绝矣。是以位尊者，德不可以薄；官大者，治不可以小；地广者，制不可以狭；民众者，法不可以苛。天性然也。故曰：‘罚得则奸邪止矣，赏得则下欢悦矣。’由此观之，子则贼心已见矣。今子方病，民喜而相贺曰：‘臧孙子已病，幸其将死。’子之病少愈，而民以相惧，曰：‘臧孙子病又愈矣，何吾命不幸也，臧孙子又不死矣。’子之病也，人以相喜；生也，人以相骇。子之贼心亦甚深矣。为政若此，如之何不非也。”于是臧孙子惭焉，退而避位。（群书治要·新序）

【译文】臧孙实行苛刻的政治，子贡指责他。臧孙召见子贡问道：“我不是按照法律行事的吗？”子贡回答说：“是按照法律行事的。”“我不廉洁吗？”回答说：“廉洁。”“我没有执政能力吗？”回答说：“有能力。”臧孙说：“这三条我唯恐自己达不到，现在我全部都能达到，你为什么还指责我呢？”子贡说：“您能依法行事，却喜欢以法杀害人；您也廉洁，但喜欢以廉洁在国君面前表现出自高自大；您有执政能力，但喜欢欺压下属。执政就好像调紧琴瑟，粗弦上得太紧（音太高），细弦就会被绷断。因此地位尊贵的人，德行不能浅薄；官位高的人，管理不能太细；辖地广大者，制度不能偏狭；辖区百姓众多者，法律不能苛刻。自然法则就是这样。所以有人说：‘处罚得当奸邪就能制止，奖赏得当下属就会高兴。’由此看来，您的残忍之心已经显露了。现在您刚一生病，老百姓高兴得互相庆贺说：‘臧孙子生病了！幸亏他快要死了。’您的病稍有好转，老百姓就相互表示惧怕，说：‘臧孙子病又好了，为什么我们的命运这么不幸啊，臧孙子怕又死不了了。’您活着，老百姓为之害怕，您的残忍之心也太重了。执政结果到了这个地步，人们怎么会不指责您呢？”于是臧孙子感到惭愧，才退身而让出职位。

子路治蒲

【原文】子路治蒲三年，孔子过之。入其境，曰：“善哉由乎，恭敬以信矣。”入其邑，曰：“善哉由乎，忠信以宽矣。”至于其廷，曰：“善哉由乎，明察以断矣。”子贡执辔而问曰：“夫子未见由，而三称其善，可得闻乎？”孔子曰：“我入其境，田畴尽易，草莱甚辟，沟洫甚深，此其恭敬以信，故其民尽力也；入其邑，墙屋甚崇，树木甚茂，此忠信以宽，故其民不偷也；入其廷，廷甚闲，此明察以断，故其民不扰也。”（群书治要·新序）

【译文】子路治理蒲地三年，孔子出游经过那里，进入蒲地境内，说：“好呀子路，恭敬而诚实啊！”进入蒲地城邑，说：“好呀子路，忠信而宽厚啊！”到了官衙庭堂说：“好啊子路，明察而善断啊！”子贡拉着马缰问道：“老师没有见子路，却三次称赞他好，能不能让我听听这是为什么呢？”孔子说：“我进入蒲境，见田地都进行了整治，郊外荒地多已开垦，田间水沟很深。这说明他恭敬而诚实，所以老百姓尽力耕种；进入城邑，看到墙壁房屋高而整齐，树木非常茂盛，这说明他忠信而宽厚，老百姓就不苟且从事；进到他的官衙大堂，大堂上很清闲，这说明他明察善断，所以老百姓不来申诉打扰。”

宓子贱治单父

【原文】宓子贱治单父，弹鸣琴，身不下堂，而单父治。巫马期亦治单父，以星出，以星入，日夜不处，以身亲之，而单父亦治。巫马期问其故于子贱，子贱曰：“我之谓任人，子之谓任力。任力者固劳，任人者固（旧无固字，补之）逸也。”人曰：“宓子贱则君子矣！逸四支，全耳目，平心气，而百官治。巫马期则不然，弊性事情，劳烦教诏，虽治，犹未至也。”（群书治要·说苑）

【译文】宓子贱治理单父城，弹奏琴曲，身不下堂，而单父社会安定。巫马期也治理过单父城，忙得顶着星星出门，戴着星星回家，日夜不能安居，凡事必定亲自处理，单父也得以社会安定。巫马期向宓子贱请教这劳逸的缘故，宓子贱说：“我这种做法叫凭借人，你那样做叫凭借力。凭借力的人当然劳苦，凭借人的人当然轻松。”有人说：“宓子贱可算是位君子，四肢轻松，不劳耳目，心平气和，但所有公事都办得很好。巫马期却不是这样，不惜损害生命去做事，费力烦神地去教育告诫，虽然单父也得到治理，但还是没有达到最好。”

桓公逐鹿

【原文】齐桓公逐鹿而远，入山谷之中，见一老。公问之曰：“是为何谷？”对曰：“为愚公之谷也。”公曰：“何故？”对曰：“以臣名之。”公曰：“何为以公名之？”对曰：“臣故畜牸牛，子大，卖之而买驹。少年曰：‘牛不能生马。’遂持驹去。傍邻闻之，以臣为愚。故名此谷为愚公之谷。”桓公曰：“诚愚矣，夫何为而与之。”桓公遂归，以告管仲。管仲曰：“此夷吾之愚（愚原作过）也！使尧在上，咎繇为理，安有取人之驹，见暴如此叟者也。是公知狱讼不正，故与之耳。请退而修政。”孔子曰：“弟子记之，桓公，霸君也，管仲，贤佐也，犹有以智为愚者，况不及桓公、管仲者乎！”（群书治要·说苑）

【译文】齐桓公追逐一头鹿，进入一个远处的山谷之中，看见一位老翁，就问他说："这是什么谷？"老翁回答说："是愚公谷。"齐桓公问："为什么取了这个名字？"老翁回答说："因为我而起的名。"齐桓公说："为什么因为你而取名愚公谷呢？"老翁回答说："我从前养过一头母牛，生下牛犊长大后，我卖掉它买了一匹马驹。有个年轻人说：'牛是不能生马的。'于是便牵走了我的马驹。邻居听说这件事，认为我太愚蠢了，所以这个山谷命名为愚公谷。"齐桓公说："你确实太愚蠢了！你为什么要把马驹给他呢。"齐桓公于是回到宫中，第二天上朝时，将此事告诉了管仲。管仲说："这是我的过错。假若尧在上，咎繇做刑狱官，怎么会有随便拉走人家马驹，像这个老翁一样被人欺凌的事呢？这是老翁知道诉讼案件判处不会公正，所以把马驹给了人。请允许我回去很好地整顿政事。"孔子说："弟子们应记住这件事。齐桓公是建立霸业的国君，管仲是贤明的辅佐，还有把智者当成愚者的时候，何况赶不上桓公与管仲的人呢！"

管仲治国

【原文】齐桓公使管仲治国，对曰："贱不能临贵。"桓公以为上卿，而国不治。公曰："何故？"对曰："贫不能使富。"公赐之齐国之市租一年，而国不治。公曰："何故？"对曰："疏不能制亲。"公立以为仲父，齐国大安，而遂霸天下。孔子曰："管仲之贤，不得此三权者，亦不能使其君南面而霸矣。"（群书治要·说苑）

【译文】齐桓公命管仲治理国家，管仲对他说："低贱的人不能管理高贵的人。"桓公就拜他为上卿，但国家还是没有治理好。桓公问："这是什么缘故？"管仲回答说："贫穷的人不能指使富有的人。”桓公便将齐国一年的市场税收赐给了他，但国家还是没有治理好。桓公又问：“这是什么缘故？”管仲回答说：“关系远的不能控制关系亲密的。”桓公就尊他为仲父。于是齐国治理得非常安定，并终于称霸天下。孔子说：“管仲这样的贤才，如果不能得到这三种权力，也不能使他的国君面南而坐，称霸天下呀！”

爱民第三

雨雪不寒

【原文】景公之时，雨雪三日而不霁。公被狐白之裘，坐于堂侧阶。晏子入见，立有间，公曰：“怪哉，雨雪三日而天不寒。”晏子对曰：“天不寒乎？”公笑。晏子曰：“婴闻古之贤君，饱而知人之饥，温而知人之寒，逸而知人之劳，今君不知也。”公曰：“善！寡人闻命矣。”乃命出裘发粟，以与饥寒。孔子闻之曰：“晏子能明其所欲；景公能（旧无能字，补之）行其所善。”（群书治要·晏子）

【译文】景公在位期间，有一年接连下了三天大雪而不见晴。景公身披白色毛裘衣，坐在殿堂侧边的台阶上。晏子进见景公，站立片刻后，景公说：“真奇怪呀！大雪纷飞下了三日，但天气却不寒冷。”晏子问道：“天气真的不寒冷吗？”景公笑了。晏子接着说：“据我所知，历代的贤明君主，自己吃饱时，能想到挨饿的百姓；自己穿暖时，能想到受冻的百姓；自己生活安逸时，能想到劳苦的百姓。而您现在却不懂得这些啊。”景公听了后说：“说得有理，我听到你的‘教诲’了。”于是，景公下令取出库中皮衣，开放粮仓，救济那些挨饿受冻的百姓。孔子听说此事后称赞道：“晏子是能表明自己意愿的臣子；景公是能实施晏子仁政思想的君主。”

平子平费

【原文】十三年，季平子立，而不礼于南蒯〔南蒯，季氏费邑宰也〕。南蒯以费叛，叔弓围费，弗克，败焉〔为费人所败〕。平子怒，令见费人，执之以为囚俘。冶区夫曰："非也〔区夫，鲁大夫〕。若见费人，寒者衣之，饥者食之，为之令主，而共其乏困，费来如归，南氏亡矣。民将叛之，谁与居邑？若惮之以威，惧之以怒，民疾而叛，为之聚也。若诸侯皆然，费人无归，不亲南氏，将焉入乎？"平子从之。费人叛南氏。（群书治要·春秋左氏传）

【译文】鲁昭公十三年，季平子嗣位，对（为季氏立有大功的南遗之子）南蒯很不礼貌。南蒯就在驻地费城叛变（投降齐国）。鲁国的叔弓率军围攻费城，结果不但没攻陷，反而被费人打败。季平子大怒，下令只要见到费城地区的人就抓起来做俘虏。鲁国大夫冶区夫说："这样做不对。如果见到费城人，没有衣服穿的就给他们衣服，没有饭吃的就给他们饭吃，做他们的好主人，供给他们缺乏的东西，费地人若前来投奔，要让他们像回到家一样，南氏就会灭亡了。百姓都打算背叛南氏，谁还和他一起占据费城呢？如果用兵威使百姓畏惧，用愤怒来使百姓害怕，费地人就会由于憎恨而跟着反叛，聚集在南氏的旗下。假如各诸侯都这样，费地人在走投无路之下，他们不亲近南氏，将到哪里去呢？"季平子听从了冶区夫的意见。不久，费地人就背叛了南氏。

景公射鸟

【原文】景公射鸟，野人骇之，公令吏诛之。晏子曰："野人不知也。臣闻之，赏无功谓之乱，罪不知谓之虐，两者，先王之禁也。以飞鸟犯先王之禁，不可！今君不明先王之制，而无仁义之心，是以从欲而轻诛也。夫鸟兽固人之养也，野人骇之，不亦宜乎！"公曰："善！自今以来，弛鸟兽之禁，无以苛（苛原作拘）民。"（群书治要·晏子）

【译文】景公打猎，正准备射一只鸟，却被一个农民惊飞了。景公便命令官吏将其处死。晏子急忙说道："这个农民不知道您在射鸟啊。我听说过，赏赐无功劳的人，是混乱；惩处不知情的人，是暴虐。这两样，均为先王所禁忌。因为一只飞鸟便违犯先王禁忌，是不可以的。如今您未牢记先王的制度，而缺乏仁爱之心，所以才随心所欲，轻易杀人。鸟兽，原本就是所有人的给养，百姓惊飞了它，不是也很正常吗？"景公听后说道："您说得好！从今以后，解除有关捕捉鸟兽的禁令，不要以此来限制百姓。"

封人之祝

【原文】景公游于麦丘，问其封人曰："年几何？"对曰："鄙人之年八十五矣。"公曰："寿哉！子其祝我。"封人曰："使君之年长于国家。"公曰："善哉！子其复之。"封人曰："使君之嗣寿，皆若鄙人之年。"公曰："善哉！子其复之。"封人曰："使君无得罪于民。"公曰："诚有鄙民得罪于君则可，安有君得罪于民者乎？"晏子对曰："君过矣！敢问：桀纣，君诛乎？民诛乎？"公曰："寡人过矣。"于是赐封人麦丘以为邑。（群书治要·晏子）

【译文】景公出游到了麦丘，问住在当地的一位老人说："您高龄多少？"那人答道："鄙人八十五岁了。"景公说："您真长寿啊！请为我祝福吧！"那位老人说："但愿您寿命比国家寿命还长。"景公听后说："好啊！您再说一遍！"这位老人说："愿您的子孙后代都长寿，都像我这年龄。"景公说："太好了！您再说一遍吧！"这位老人说："愿您切勿得罪百姓。"景公反问道："的确有百姓获罪于君主，这是可能的，怎会有君主获罪于百姓的呢？"晏子回答说："您错了。恕我冒昧地问一句，夏桀和商纣是被君主杀死的，还是被百姓杀死的呢？”景公听后说：“是我错了。”于是，将麦丘赏赐给这位当地老人作为食邑。

反裘负刍

【原文】魏文侯出游，见路人反裘而负刍。文侯曰：“胡为反裘而负刍？”对曰：“臣爱其毛。”文侯曰：“若不知其里尽，而毛无所恃矣。”明年，东阳上计，钱布十倍，大夫毕贺，文侯曰：“此非所以贺我也。譬无异夫路人反裘而负刍也，将爱其毛，不知其里尽，毛无所恃也。今吾田地不加广，士民不加众，而钱十倍，必取之士大夫也。吾闻之，下不安者，其上不可居，此非所以贺我也。”（群书治要·新序）

【译文】魏文侯外出游玩，在路上看见一个人反穿皮衣来背喂牲口的草，文侯问他：“干嘛反穿皮衣来背草呢？”那个人答道：“我是因为爱惜皮上的毛。”文侯说：“你不懂得皮子磨透了的话，毛不也就无处依附了吗？”第二年，东阳之地呈上的簿册表明上缴的税款比往年多了十倍，朝臣全都来祝贺。文侯说：“这不是所应该祝贺我的事。打个比方说，这跟路上那个人反穿皮袄背草毫无不同，他只是怕损坏了毛，可不懂得皮子磨破了，毛也就无所依附了。现在我国的耕地没有扩大，人口没有增多，而钱却增加了十倍，这一定是士大夫们从老百姓那里收来的。我听说如果下层不安定，那么在上位的人也就不会安处。这不是所应向我道贺的事啊！”

闾丘不拜

【原文】齐宣王出猎于社山，父老相与劳王。王曰："父老苦矣！赐父老田不租。"父老皆拜，闾丘先生独不拜。王曰："父老以为少耶？赐父老无徭役。"先生又不拜。王曰："父老皆拜，先生独不拜，寡人得无有过乎？"闾丘先生对曰："闻大王来游，所以为劳大王，望得寿于大王，望得富于大王，望得贵于大王。"王曰："天杀生有时，非寡人所得与也，无以寿先生；仓廪虽实，以备灾害，无以富先生；大官无缺，小官卑贱，无以贵先生。"先生对曰："此非人臣所敢望也。愿大王选有修行者以为吏，平其法度，如此，臣可少得以寿焉；振之以时，无烦扰百姓，如是，臣可少得以富焉；愿大王出令，令少者敬老，如是，臣可少得以贵焉。今大王幸赐臣田不租，然则仓廪将虚也；赐臣无徭役，然则官府无使焉。此固非臣之所敢望也。"齐王曰："善。"（群书治要·说苑）

【译文】齐宣王外出到社山打猎，社山父老一齐来慰劳齐宣王。齐宣王说："父老们辛苦了！赐令父老们的田地免交租税。"父老们都拜谢宣王，只有闾丘先生不拜谢。齐宣王说："父老们认为太少了吗？再赐令他们不服徭役。"闾丘先生还是不拜谢。齐宣王说："父老们都拜谢，只有先生你不拜谢，难道是我有什么过错吗？"闾丘先生回答说："听说大王要来巡游，所以才来慰劳大王，希望从大王这里得到长寿，希望从大王这里得到富裕，希望从大王这里得到尊贵。"齐宣王说："人的生死有一定时限，不是我所能给予的，无法使先生长寿；粮仓虽然充实，是用来防备灾害的，无法使先生富裕；大官没有缺额，小官又太低贱，无法使先生显贵。”闾丘先生回答说：“这些不是我所敢企求的。只希望大王挑选有美好德行者在此做官吏，使法令制度公平，这样，我就可以稍微多活几年了；按时令役使百姓，不要烦扰百姓，这样，我就可以稍微得到富足了；希望大王发出命令，让年轻的尊敬年老的，这样，我就可以稍微得到尊贵了。现在大王赐我们田地不交租，但这样仓库就将空虚了；赐我们不服徭役，但这样官府就没人役使了。这些本来就不是我所敢企望的事。”齐宣王说：“讲得好！”

孙登爱民

【原文】孙登，字子高，权长子也。权为吴王，立登为太子，选置师傅，铨简秀士，以为宾友。登或射猎，远避良田，不践苗稼，至所顿息，又择空闲之地，其不欲烦民如此。尝乘马出，有弹丸过，左右求之。有一人操弹佩丸，咸以为是，辞对不服，从者欲捶之。登不听，使求过丸，比之非类，乃见释。又失盛水金马盂，觉得其主，左右所为，不忍致罚，呼责数之，长遣归家，敕亲近勿言。（群书治要·三国志）

【译文】孙登，字子高，是孙权的长子。孙权为吴王后，立孙登为太子，为他选设辅导老师，又挑选一批优秀人才，作为他的宾客朋友。孙登有时出外射猎，常常远避农田，从不践踏庄稼。到了暂时停猎休息时，又总是挑选没有耕种的空地。他就是这样不想打扰民众。他曾经乘马出游，忽然有一颗弹丸从眼前飞过，侍卫马上去搜寻发射弹丸之人，结果发现附近确实有一个人手拿弹弓，身带弹丸。侍卫都认为就是他干的，但是那人却不承认。侍卫想动手打他，孙登不准，派人去找到那颗从眼前飞过的弹丸，与那人所带弹丸一比较，并不一样，那人即被释放。又有一次孙登丢了一只用金马作装饰的水盂，发觉了偷窃者，原来是自己身边的一名侍从所为，他不忍心给予重罚，只是把那人叫来责备了一番，然后遣送回家（不再使用），并且指示亲近随从不要把这件事情说出去。

风俗第四

晋盗逃秦

【原文】十六年，晋侯命士会将中军，且为太傅，于是晋国之盗逃奔于秦。羊舌职曰："吾闻之，禹称善人〔称，举也〕，不善人远，此之谓也。夫善人在上，则国无幸民。谚曰：'民之多幸，国之不幸。'是无善人之谓也。"（群书治要·春秋左氏传）

【译文】鲁宣公十六年，晋景公任命士会统率中军，并且担任太傅的官职，于是晋国的盗贼都逃窜到秦国。羊舌职说："我听说，夏禹推举好人，不好的人就会远离，说的就是这种情况。好人在上面做官，国家就没有心存侥幸的百姓。谚语说：'如果百姓多存侥幸心理，那将是国家的不幸。'说的就是没有好人居于上位啊！"

陶侃易俗

【原文】陶侃，字士行，庐江人也。为荆州刺史。政刑清明，惠施均洽，故楚郢士女，莫不相庆。引接疏远，门无停客，常语人曰："大禹圣者，乃惜寸阴；至于众人，当惜分阴，岂可逸游荒醉？生无益于时，死无闻于后，是自弃也。"诸参佐或以谈戏废事者，乃命取蒱博之具，悉投之于江。吏将则加鞭朴，曰："樗蒱者，牧奴戏耳。老庄浮华，非先王之法言，不可行也。君子当正其衣冠，摄其威仪，何有乱头养望，自谓宏达邪？"于是朝野用命，移风易俗。（群书治要·晋书）

【译文】陶侃，字士行，庐江郡人。他做荆州刺史，政清法明，恩惠遍及辖境以内，所以楚地郢城的男女百姓，人人莫不相庆。陶侃招待远近的来者，几乎门无停客。他经常向人说："大禹是位圣人，还爱惜寸阴，至于一般人更应当爱惜分阴，怎能够只图安逸游戏而醉生梦死？一个人活着时不能利益社会，死后默默无闻，这完全是自暴自弃啊。"他手下的参佐吏员们，有的人因谈笑而误事，陶侃命收取他们的游戏、赌博用具，全都投入长江之中。其下属官员若有此类行径，还要加以鞭打，并告诫说："玩赌博一类的人，是那些牧猪奴仆干的事。老子、庄子的哲学浮华不实（当时的士大夫盛行藉助老子、庄子的哲学思想而谈玄说妙，陶侃此话是针砭时弊，编者），这不是合乎先王礼法的言论，不可以奉为行为的指导。作为有道德的君子则应当正其衣冠，拿出威仪，怎能散发不理、矫饰招名，却自认为广博通达呢？"从此朝廷内外都服从他的命令，社会风气得到大大改善。

郤雍缉盗

【原文】晋国苦盗。有郤雍者，能视盗之貌，察其眉睫之间，而得其情。晋侯使视盗，千百无遗一焉。晋侯大喜，告赵文子曰："吾得一人，而一国盗为尽，奚用多为？"文子曰："吾君恃伺察而得盗，盗不尽矣，且郤雍必不得其死焉。"俄而群盗谋曰："吾所穷者郤雍也。"遂共盗而戕〔杀之也〕。晋侯闻而大骇，召文子而告之曰："果如子言，郤雍死！然取盗何方？"文子曰："周谚有言：察见渊鱼者不祥，智料隐匿者有殃。且君欲无盗，莫若举贤而任之，使教明于上，化行于下。人有耻心，则何盗之为？"于是用随会知政，而群盗奔秦焉〔用聪明以察是非者，群诈之所逃；用先（先原作少）识以擿奸伏者，众恶之所疾。智之为患，岂虚言（言

原作也）哉〕。（群书治要·鹖冠子）

【译文】晋国为盗贼众多而苦恼。有个叫郤雍的人，会看盗贼的相貌，观察其眉睫之间的神色，便可得知其真实情况。晋侯让他指认盗贼，结果千百名盗贼无一遗漏。晋侯大喜，告诉赵文子说："我得到这一个人，便使全国的盗贼因之而除尽，哪里还用得着许多人去侦破盗案呢？"文子说："君主只依靠辨察神色来捕获盗贼，盗贼是除不尽的，而且郤雍也必定不得好死。"不久，一群盗贼共同商议说："我等之所以走投无路，都因为那个郤雍。"于是合伙盗窃了郤雍(的财物)并杀死了他。晋侯听到后为之大惊，便召见文子，告诉他说："果然像你说的那样，郤雍被杀死了，但又能用什么办法来捕获盗贼呢？"文子说："周代的谚语有这么一句话：'能看清楚深潭中游鱼的人不吉利，能料知隐藏之物者有灾难。'如果君主想使晋国没有盗贼，不如举拔贤良并予以任用，使政教明确于上，使教化行之于下。人们若有羞愧之心，那么谁还去做盗贼呢？"于是，（晋侯）任用随会主持有关政务，众多盗贼便跑到秦国去了。

伯成辞耕

【原文】尧治天下，伯成子高立为诸侯。尧授舜，舜授禹，伯成子高辞为诸侯而耕。禹往见之，则耕在野。禹趋就下风，立而问焉，曰："昔尧治天下，吾子立为诸侯。尧授舜，舜授予，而吾子辞为诸侯而耕。敢问其故何也？"子高曰："昔尧治天下，不赏而民劝，不罚而民畏。今子赏罚而民且不仁，德自此衰，刑自此立，后世之乱，自此始矣！"（群书治要·庄子）

【译文】尧统治天下，伯成子高被立为诸侯。尧将帝位传于舜，舜又将帝位传于禹，伯成子高便辞去诸侯之职去从事耕作。夏禹前去拜见他，伯成子高正在田间耕作。夏禹从下风口快步走近，恭敬地站着问伯成子高道：“当年尧统治天下，先生被立为诸侯。尧将帝位传于舜，舜又将帝位传于我，可是先生却辞去诸侯的职位而从事耕作。敢问这是为什么呢？”伯成子高说：“当年帝尧统治天下，不需奖励而百姓自勉，不需惩罚而人民敬畏。如今你施行赏罚之法但百姓并不仁爱，德行从此衰败，刑罚从此建立，后世之乱也就从此开始了。”

何曾知乱

【原文】何曾，字颖考，陈国人也。为司隶校尉，言于太祖曰：“公方以孝治天下，而听阮籍以重哀饮酒食肉于公坐。宜摈四裔，无令污染华夏。”太祖曰：“此子羸病若此，君不能为吾忍耶？”曾重引据，辞理甚切，朝廷惮焉。泰始九年为司徒，以疲疾求退。孙绥位至侍中，潘滔谮之于太傅越，遂被杀。初曾告老，时被召见，侍坐终日，世祖不论经国大事，但说平生常语。曾出每曰：“将恐身不免乱，能及嗣乎？”告其二子曰：“汝等犹可得没。”指诸孙曰：“此辈必遇乱死也。”及绥死，兄嵩曰：“我祖其神乎？”（群书治要·晋书）

【译文】何曾，字颖考，陈地人。他在任魏朝司隶校尉时，曾对太祖司马昭说：“您现在正实行以孝道治理天下，却听任阮籍在大哀之时在您的座席上饮酒吃肉。（像他这种蔑视礼教的人）应该摈弃于四方边远之地，不要使他污染华夏的传统美德。”太祖说：“这位先生现在瘦弱疲病到如此地步，您不能为我的面子而忍一忍吗！”何曾再次引用事例作根据来进言，言辞道理更为恳切，连皇帝都有些怕他。到晋武帝司马炎泰始九年，何曾官任司徒，因老迈多病请求退休。后来他的孙子何绥官至侍中，有个叫潘滔的人在太傅司马越跟前说何绥的坏话，何绥遂被处死。当初何曾告老在家时，还经常被武帝司马炎召见，陪侍终日，而武帝与之交谈时不涉及经国治世大事，只说些日常生活的话。何曾从宫中出来常说：“恐怕我此生难免会经受国家混乱，不知会否延及子孙！”他告诉自己的两个儿子说：“你们还可能会寿终正寝。”又指着几个孙子说：“他们这一辈必遭遇祸乱而死！”等到何绥被杀后，何绥的大哥何嵩说：“我们祖父真是个神人呀！”

赏罚第五

华元食士

【原文】二年，郑公子归生伐宋，宋华元御之。将战，华元杀羊食士，其御羊斟不与。及战，曰：“畴昔之羊，子为政〔畴昔，犹前日也〕；今日之事，我为政。”与入郑师，故败。（群书治要·春秋左氏传）

【译文】鲁宣公二年，郑国公子归生接受楚国的命令去攻打宋国，宋国华元率兵迎战。将要开战时，华元宰羊犒赏将士，可是却不给他的车夫羊斟吃。等到作战时，羊斟就说：“前日分发羊肉，由你做主；今天战车进退的事，由我做主。”于是羊斟就故意把华元乘的战车赶进敌阵，因此宋军大败。

景公立武

【原文】晋讨赵同、赵括，武从姬氏畜于公室〔赵武，庄姬之子。庄姬，晋成公女也。畜，养也〕，以其田与祁奚。韩厥言于晋侯曰：“成季之勋，宣孟之忠〔成季，赵衰。宣孟，赵盾〕，而无后，为善者其惧矣！三代之令王，皆数百年，保天禄。夫岂无僻王，赖前哲以免也〔言三代亦有邪僻之君，但赖其先人以免祸耳〕。《周书》曰：‘不敢辱鳏寡。’所以明德也〔言文王不侮鳏寡，而德益明，欲使晋侯之法文王〕。”乃立武，而反其田焉。（群书治要·春秋左氏传）

【译文】晋国讨伐赵同、赵括。当时赵武随母亲庄姬住在晋宫中，晋侯下令把赵氏的田地赐给了祁奚。为此，韩厥对晋景公说：“凭赵衰的功勋、赵盾的忠诚，反倒没有继承他们爵位的后人，会使做好事的人感到恐惧。夏、商、周三代圣王，都能享国几百年，保全上天赐予的福分！难道这期间就没有品行不正之君吗？都是依赖其圣祖而免除了灾祸。《周书》说：‘不要欺凌鳏寡无助之人！’为的就是彰显德行。”于是晋景公封立赵武为大夫，并且把田地归还给他。

咎犯献计

【原文】昔晋文公将与楚人战于城濮，召咎犯而问曰：“楚众我寡，奈何而可？”咎犯对曰：“臣闻繁礼之君，不足于文；繁战之君，不足于诈〔足，犹厌也〕。君亦诈之而已。”文公以咎犯言告雍季，雍季曰：“竭泽而渔，岂不获得？而明年无鱼。焚薮而田，岂不获得？而明年无兽〔言尽其类〕。诈伪之为道，虽今偷可，后将无复〔不可复行〕，非长术也。”文公用咎犯之言，而败楚人于城濮。反而为赏，雍季在上。左右谏曰：“城濮之功，咎犯之谋也。君用其言，而后其身，或者不可乎？”公曰：“雍季之言，百世之利也；咎犯之言，一时之务也〔务，犹事也〕。焉有以一时之务，先百世之利者乎？”孔子闻之曰：“临难用诈，足以却敌；返而尊贤，足以报德。文公虽不终始焉，足以霸矣。”（群书治要·吕氏春秋）

【译文】从前，晋文公将与楚人在城濮作战，召见咎犯，并问道：“楚国兵多我国兵少，怎样对敌才行？”咎犯回答说：“我听说礼仪繁复的君主，不满足于礼制条文；征战频繁的君主，不满足于欺诈手段。您也对他们采用欺诈手段好了。”文公把咎犯的话告诉雍季，雍季说：“竭泽而渔，难道不能获得鱼吗？但第二年就没有鱼了。焚烧沼泽的草木来打猎，难道不能获取野兽吗？但第二年就没有野兽了。把欺诈虚伪作为一种方法，即使现在苟且一用还可以，但以后就不能再用，这不是长久的策略。”文公采用咎犯的建议，在城濮打败了楚人。回师后进行奖赏时，雍季却居前列。文公的近臣进谏说：“城濮之战的成功，是凭借咎犯的计谋。您用了他的建议，而奖赏时却把他排在后面，或许不可以吧？”文公说：“雍季的话，是对百世都有利的；咎犯的计谋，是有利于一时的事。哪里有把有利于一时的事放在百世之利前边的呢？”孔子听到这些话后说：“临难使用诈术，足以击退敌人；回师后尊崇贤人，足以报答其恩德。文公虽然没有坚持始终，也足以称霸了。”

文公行赏

【原文】晋文公亡时，陶叔狐从。文公反国，三行赏而不及。见咎犯曰：“吾从君而亡，十有三年，颜色黧黑，手足胼胝。今君反国，三行赏而不及我，意者君忘我与？我有大故与？”咎犯言之文公，文公曰：“噫，我岂忘是子哉！夫耽我以道，说我以仁，昭明我名，使我为成人者，吾以为上赏；防我以礼，谏我以义，使不得为非者，吾以为次赏；勇壮强御，难在前则居前，难在后则居后，免我于患难中者，吾复以为次（原有赏字）。且子独不闻乎？死人者，不如存人之身；亡人者，不如存人之国。三行赏之后，而劳苦之士次之。劳苦之士，子固为首矣。吾岂敢忘子哉！”周内史叔兴闻之曰：“文公其霸乎？昔者圣王先德后力，文公其当之矣。”（群书治要·说苑）

【译文】晋文公逃亡在外时，陶叔狐跟随他。晋文公回到晋国，颁行了三次赏赐都没有轮到陶叔狐。陶叔狐谒见咎犯说：“我跟随国君逃亡有十三年，容颜憔悴，手脚都磨起了老茧。现在国君回国颁行了三次赏赐都没有轮到我。我私下疑惑，这是国君忘掉了我呢，还是因为我有什么大过错呢？”咎犯便向晋文公说了这件事，晋文公说：“唉，我怎么会忘了这个人呢？那些能用道义使我精神专注、用仁爱的道理来说服我、显扬我的名声、使我成为德才优异之君的人，我认为应该受到最高的赏赐；那些能用礼制来约束我、用正确的道理来劝诫我、使我不至于做错事的人，我认为应该受到第二等赏赐。那些勇敢强壮善于御敌、危难在前就奋身上前、危难在后他就断后、使我从祸难中得以解脱的人，我认为该受到第三等赏赐。他难道不知道吗？为人殉死不如保护其人的性命；跟人逃亡不如保存其人的国家。三次行赏之后，就轮到有劳苦功绩的人了。在那有劳苦功绩的人当中，陶叔狐当然是头一个了！我怎么会忘了他呢？”东周内史叔兴知道这件事后说：“晋文公将会称霸了！从前先王将德行摆在首位，而将勇力放在其后，文公大概堪当这样的评价吧！”

用法第六

父子同狴

【原文】孔子为鲁大司寇，有父子讼者，夫子同狴执之〔狴，狱牢也〕，三月不别。其父请止，夫子赦焉。季孙闻之，不悦，曰："司寇欺余。曩告余曰：'为国家者，必先以孝。'今戮一不孝，以教民孝，不亦可乎？而又赦之，何哉？"孔子喟然叹曰："呜呼！上失其道，而杀其下，非理也；不教以孝，而听其狱，是杀不辜也。三军大败，不可斩也；狱犴不治，不可刑也。何者？上教之不行，罪不在民故也。夫慢令谨诛，贼也；征敛无时，暴也；不诫责成，虐也。政无此三者，然后刑可即也。既陈道德以先服之，而犹不可，则尚贤以劝之，又不可，则废不能以惮之（则废不能以惮之七字原作即废之又不可而后以威惮之十二字）。若是，百姓正矣。其有邪民不从化者，然后待之以刑，则民咸知罪矣。是以威厉而不试（试原作诫），刑措而不用也。今世不然，乱其教，烦其刑，使民迷惑而陷罪焉，又从而制之，故刑弥繁而盗不胜也。世俗之陵迟久矣，虽有刑法，民能勿踰乎？"（群书治要·孔子家语）

【译文】孔子任鲁国大司寇时，有一家父子二人互相控告，他就将这两人关进同一牢房，三个月后仍没有进行判决。后来，做父亲的就请求撤诉，于是孔子就释放了这对父子。季孙听说了这件事，很不高兴，对孔子说："司寇，你欺骗了我。你以前告诉我说：'治理国家的人，必须把孝道放在第一位。'那么现在斩杀一个不孝之子，用以教育百姓尽孝，不是很应该吗？可你却赦免了这个不孝之人，这是为什么呢？"孔子感慨地叹息说："身居上位而不懂得教化和引导百姓，却要滥杀百姓，这是不符合情理的。不用孝道去教育和引导百姓，却要用孝道的规范来判决官司，这是杀害无辜。全军大败，不可斩杀士卒；司法混乱，不能实施惩罚。为什么呢？因为在上位的没有进行教育，罪责不在百姓身上。法令松懈而诛杀甚严，这是残害；随意征收赋税，这是暴政；不教化百姓却苛求其守礼守法，这是虐害。政事若无此三种情况，刑罚便可以施用了。要先宣讲道德规范并以身作则，如果还不行，就敬重贤者来鼓励众人。若还是不行，就废弃、罢黜不能遵守道德规范者来使其惧怕。如果这样做了，百姓就会遵纪守法了。要是还有奸邪之徒顽固不化，就用刑罚来对待他们，于是民众就都知道此人为什么会犯罪了。这样，就不必用威严来警告他们了，刑法也可以搁置不用了。当今社会却不是这样，教化混乱，刑罚繁多，使民众感到迷惑而容易陷入犯罪，又从而受到制裁，所以刑罚越来越多而盗贼却屡除不尽。社会风气的衰败已经很久了，虽有刑法，百姓能不越轨犯法吗？”

法善盗多

【原文】惠子为惠王为国法〔惠王，魏惠王。惠子，惠施也〕。已成，王甚悦之，以示翟煎。翟煎曰：“善。”王曰：“可行耶？”煎曰：“不可。”王曰：“善而不可行，何也？”对曰：“今举大木者，前呼邪许，后亦应之，此举重劝力之歌也。岂无郑卫激楚之音哉？然而不用者，不若此其宜也。治国在礼，不在文辩。”故老子曰：“法令滋彰，盗贼多有。”此之谓也。（群书治要·淮南子）

【译文】惠施为梁惠王制定国法，写成后交给惠王，惠王很高兴，便让翟煎过目。翟煎看了后说：“写得好。”梁惠王说：“可以颁行了吧？”翟煎说：“不行。”梁惠王说：“既然好，却不能颁行，为什么呢？”翟煎说：“抬大木料的人，前头的高呼‘呀嗨’，后头的人也跟着应和。这是抬重物时互相鼓劲的歌号。难道没有郑国、卫国那种激越、齐整的音调可用吗？然而之所以不使用那些音调，是因为它不如这种歌号更适宜。治理国家在于礼义，而不在文辞雕凿。”所以《老子》说：“法令不断增多、详明，盗贼依然很多。”说的就是这个道理。

季羔刖人

【原文】季羔为卫士师〔士师，狱官〕，刖人之足。俄而卫有乱，季羔逃之。刖者守门焉，谓季羔曰：“彼有缺。”季羔曰：“君子不逾。”又曰：“彼有窦。”季羔曰：“君子不隧〔隧，从窦出〕。”又曰：“于此有室。”季羔入焉。既而追者罢，季羔将去，谓刖者曰：“吾不能亏主之法，而亲刖子之足。今吾在难，此正子报怨之时，而子逃我，何故？”刖者曰：“断足故我之罪也，无可奈何。曩者君治臣以法令，先人后臣，欲臣之免也，臣知之；狱决罪定，临当论刑，君愀然不乐，见于颜色，臣又知之。君岂私臣哉？天生君子，其道故然，此臣之所以悦君也。”孔子闻之，曰：“善哉为吏！其用法一也，思仁恕则树德，加严暴则树怨。公以行，其子羔乎？”（群书治要·孔子家语）

【译文】孔子的弟子季羔在卫国（在今河南省）做狱官的时候，有一次对一个罪犯实施了断脚的刑法。不久卫国发生暴乱，季羔往城外逃跑。结果遇到那个被他砍断双脚的人正把守城门，那个人对季羔说：“城墙那里有个缺口。”季羔说：“君子不翻墙。”守门人又说：“那里有个洞。”季羔说：“君子不从洞里往外爬。”守门人又说：“这里有个屋子。”季羔就进到屋里去了。等到追兵走了之后，季羔要离去时，对受了断脚刑罚的人说："我不能破坏君王的法律，就亲自执行刑罚砍断了您的脚。今天我在灾难中，这正是您报仇的时候，可是您却帮助我躲避，为什么呢？"那位被砍断脚的人说："砍断脚本来就是我犯了罪应该受的惩罚，这是没有办法的事情。先前先生按法律对我治罪时，是先处治别人而后处治我，是想免除对我的处罚，这我知道；法庭判定罪名，将要判处刑罚时，先生心里很不高兴，都显现在脸色表情上了，这我也知道。先生难道是偏爱我吗？上天降生有德性的人，他们办事本来拥有这样的德行。这就是我之所以喜爱先生并帮您逃脱的原因。"孔子听说了这件事，说道："太好了！作为官员，执法都是一样，但心里想着仁爱、宽恕，就会树立美德；施予严酷残暴，就会招致仇恨。公正执法，心存仁爱，大概就是子羔这种人吧！"

晏子近市

【原文】初，景公欲更晏子之宅，曰："子之宅近市，湫隘嚣尘，不可以居〔湫，下。隘，小也。嚣，声。尘，土也〕，请更诸爽垲者〔爽，明也。垲，燥也〕。"辞曰："君之先臣容焉〔先臣，晏子之先人也〕，臣不足以嗣之，于臣侈矣〔侈，奢也〕。且小人近市，朝夕得所求，小人之利也。"公笑曰："子近市，识贵贱乎？"对曰："既利之，敢不识乎？"公曰："何贵何贱？"于是景公繁于刑，有鬻踊者，故对曰："踊贵屦贱。"景公为是省于刑。君子曰："仁人之言，其利博哉！晏子一言，而齐侯省刑。"（群书治要·春秋左氏传）

【译文】当初，齐景公要给晏子更换住宅，说："你的住宅靠近市场，低湿狭小，喧闹多尘，不能居住，请换一所干爽明亮的房子。”晏子辞谢说：“君王的先臣住在这里，臣不足以继承先人之德，这对臣下来说已经是奢侈了。况且小人靠近市场，早晚能得到所需要的东西，这对小人有好处。”齐景公笑着说：“你靠近市场，知道物品的贵贱吗？”晏子回答说：“既然有好处，敢不知道吗？”齐景公说：“什么贵，什么贱？”当时齐景公滥用刑罚，（市场上）有卖假足的。所以晏子回答说：“假腿贵，鞋子贱。”齐景公（有悟），从此减少了刑罚。君子说：“仁爱之人的话，好处很多啊！晏子一句话，齐侯就减轻了刑罚。”

郭躬平狱

【原文】郭躬，字仲孙，颍川人也。明法律。有兄弟共杀人者，而罪未有所归。帝以兄不训弟，故报兄重，而减弟死。中常侍孙章宣诏，误言两报重。尚书奏章矫制，罪当腰斩。帝复召躬问之，躬对：“章应罚金。”帝曰：“章矫诏杀人，何谓罚金？”躬曰：“法令有故误，章传命之谬，于事为误，误者其文则轻。”帝曰：“章与囚同县，疑其故也。”躬曰：“‘周道如砥，其直如矢。’‘君子不逆诈。’君王法天，刑不可以委曲生意。”帝曰：“善！”迁躬廷尉正。（群书治要·后汉书）

【译文】郭躬，字仲孙，颍川郡人。通晓律法。有兄弟两个一起杀了人，但是判谁死罪还没有确定。章帝认为做兄长的不教诲弟弟，所以判兄重罪而减弟弟的死罪。中常侍孙章宣读诏书，错误地说成兄弟俩都应受死罪。尚书上奏指责孙章假传诏令杀人，罪应判腰斩。章帝又召郭躬问此事，郭躬回奏：“孙章应处以罚金。”帝曰：“孙章假传诏令杀人，怎能就只判罚金？”郭躬说：“法令规定有故意杀人和失误杀人，孙章是把诏命传达错了，属于失误，误杀依法律条文应从轻处治。”章帝说：“孙章和囚犯是同县人，怀疑他是故意杀人的。”郭躬说：“《诗经》上说：‘大道好像磨刀石一样平，又像箭头一样直。’《论语》说：‘君子不违法欺诈。’君王应该效法上天，刑律不可以任意解释，使上天好生之德隐晦不明。”章帝说：“说得好！”升迁郭躬为廷尉正。

朱公断案

【原文】梁尝有疑狱，群臣半以为当罪，半以为无罪。梁王曰：“陶之朱叟，以布衣而富侔国，是必有奇智。”乃召朱公而问之。朱公曰：“臣鄙民也，不知当狱。虽然，臣之家有二白璧，其色相如也，其径相如也，其泽相如也，然其价，一者千金，一者五百金。”王曰：“径与色泽皆相如也，一者千金，一者五百金，何也？”朱公曰：“侧而视之，其一者厚倍之，是以千金。”梁王曰：“善！”故狱疑则从去，赏疑则从与，梁国大悦。墙薄亟坏，缯薄亟裂，器薄亟毁，酒薄亟酸。夫薄而可以旷日持久者，殆未有也。故有国畜民施政教也，臣窃以为厚之而可耳。（群书治要·贾子）

【译文】梁国曾经有一件难以判明的案件，群臣中一半人认为有罪，另一半人认为无罪。梁王说：“陶朱公虽然是普通百姓，却富裕得和国家相差无几，此人必然有奇特的智慧。”于是派人请朱公来询问。朱公说：“我是一个普通百姓，不懂得判决案件的事情。尽管如此，我的家中有两块白色的玉璧，色彩一样，尺寸一样，色泽也一样，但两者价格相差悬殊，一块价值千金，一块价值五百金。”梁王问：“两块玉璧尺寸和色泽都一样，为什么一块千金，一块五百金？”朱公回答：“从侧面来看，一块比另一块要厚一倍，所以价值千金。”梁王说：“说得好！”因此梁王判案，凡是罪证不足、有疑问的就免去处罚，凡是立功证据不足、行赏有疑的，则仍予以奖励。梁国百姓大为高兴。正如墙壁太薄了容易毁坏、丝绸太薄了容易破裂、器物太薄了容易打坏、酒味太薄了容易发酸一样，凡是刻薄却能旷日持久的，大概是没有的。所以国家要养活百姓、实施政教，我认为只要宽厚就可以了。

将兵第七

庄王伐陈

【原文】十一年，楚子伐陈〔十年，夏征舒弑君也〕，谓陈人无动，将讨于少西氏矣〔少西，征舒之祖，子夏之名〕。遂入陈，杀夏征舒，因县陈〔灭陈以为楚县〕。申叔时使于齐，反，复命而退。王使让之曰：“夏征舒为不道，弑其君，寡人以诸侯讨而戮之，诸侯县公，皆庆寡人〔楚县大夫皆僭称公〕，汝独不庆寡人，何故？”对曰：“夏征舒弑其君，其罪大矣，讨而戮之，君之义也。抑人亦有言曰：‘牵牛以蹊人之田〔抑，辞也。蹊，径也〕，而夺之牛。’牵牛以蹊者，信有罪矣，而夺之牛，罚已重矣。诸侯之从也，曰讨有罪也。今县陈，贪其富也。以讨召诸侯，而以贪归之，无乃不可乎？”王曰：“善哉！吾未之闻也。反之，可乎？”对曰：“可哉！吾侪小人所谓取诸其怀而与之也〔叔时谦言，小人意浅，谓譬如取人物于其怀而还之，为愈于不还也〕。”乃复封陈。（群书治要·春秋左氏传）

【译文】鲁宣公十一年，楚庄王发兵攻打陈国，告诉陈国人不要害怕，此举只是要讨伐弑君之贼少西氏家族。于是攻入陈国，杀死少西之后夏征舒，并把陈国设置为楚国的一个县。楚国大夫申叔时出使齐国返回，向楚庄王复命以后就回府去了。楚庄王派人责备他说：“夏征舒大逆不道，杀了自己的国君，寡人率领诸侯讨伐并杀掉了他，诸侯和楚国大夫都来向寡人祝贺，唯独你不向寡人祝贺，是什么缘故？”申叔时回答说：“夏征舒杀了他的国君，他当然是罪大恶极之人，君主兴义师讨伐并杀了他，是君王的大义。然而人们也有这么说的：‘牵着牛践踏了别人的田地，田主就把他的牛夺过去。’牵着牛践踏人家田地确实是有错误的，但因此就夺取他的牛，惩罚未免太重了。诸侯跟随君王行动，只说是为了讨伐有罪的人。可是现在君王竟把陈国改置为楚国的一个县，那就是贪图陈国的财富了。以讨伐贼逆之名来召集诸侯，而以贪图陈国财富作为结束，这恐怕不可以吧？”楚庄王说：“说得好啊！我没有听到过这些话。归还陈国的土地，可以吗？”申叔时回答说：“可以啊！以我等小人浅见，这就叫从他人怀中夺得，又还给了人家。”于是楚庄王又重新封立陈国。

穰苴斩将

【原文】司马穰苴者，田完之苗裔也。齐景公时，晋伐阿、甄，而燕侵河上，齐师败绩，景公患之。晏婴乃荐田穰苴，景公以为将军，将兵扞燕晋之师。穰苴曰：“臣素卑贱，君擢之闾伍之中，加之大夫之上，士卒未附，百姓不信。愿得君之宠臣、国之所尊以监军，乃可。”于是景公使庄贾往。穰苴既辞，与庄贾约曰：“旦日日中会于军门。”穰苴先驰至军，立表下漏待贾。贾素骄贵，亲戚左右送之，留饮，夕时乃至。穰苴曰：“何后期为？”贾谢曰：“大夫亲戚送之，故留。”穰苴曰：“将受命之日，则忘其家；临军约束，则忘其亲；援枹鼓之急，则忘其身。今敌深侵，邦内骚动，士卒暴露于境，君寝不安席，食不甘味，百姓之命皆悬于君，何谓相送乎？”于是遂斩庄贾以徇。三军之士皆振栗，然后行。士卒次舍、井灶、饮食、问疾、医药，身自拊循之。悉取将军之资粮享士卒，平分粮食，最比其羸弱者。三日而后勒兵，病者求行，争奋赴战。晋师闻之，为罢去；燕师闻之，渡易水而解。于是追击之，遂取所亡故境而归，尊（尊原作立）为大司马。（群书治要·史记）

【译文】司马穰苴是田完的后裔。齐景公时，晋国攻打齐国的东阿和甄城，燕国侵犯齐国黄河南岸的领土，齐国的军队被打得大败，齐景公为此忧愁。晏婴于是向齐景公推荐田穰苴，景公就任命他做将军，领兵抵抗燕国和晋国的军队。穰苴说："我向来地位低下，大王将我从平民中提拔起来，放在大夫之上，士兵不会服从，百姓不会信任。希望得到大王宠爱、国人尊重的一位大臣来做监军，事情才好办。"于是，景公派庄贾前往。穰苴辞别了齐景公，跟庄贾约定说："明天正午，我们在营门会齐。"第二天，穰苴先赶到军营，设置了计时的木表和漏壶，等待庄贾。庄贾向来骄横自贵，亲戚朋友给他送行，留他饮酒，傍晚时才到达。穰苴说："为什么超过约定的时刻？"庄贾表示歉意说："大臣和亲戚们给我送行，所以耽搁了。"穰苴说："作为将帅，接受命令的那一天，就应该忘掉自己的家庭；来到军队有纪律约束，就应该忘掉自己的父母；擂鼓进军的紧急时刻，就应该忘掉自己的生命。如今敌人侵入内地，国内人心不安，士兵们在边境上日晒风吹，国君睡觉不安稳、吃饭不香甜，百姓的生命都系在你手里，还谈什么送行呢？"于是将庄贾斩首，并向全军示众。全军的将士们都吓得发抖，然后出发。行军时，对于士兵安营、掘井、立灶、饮水、伙食、探问疾病、安排医药，穰苴都亲自过问和照顾他们，并拿出自己将军名下全部的给养来款待士兵，自己同士兵吃一样的口粮，而且是和那些吃得最少的人一样。三天之后率部队准备战斗，生病的士兵都请求跟随队伍行动，争先奋勇地奔赴战场。晋国的军队听到这个消息，就撤回去了；燕国军队听到这个消息，撤兵渡过黄河，向北退去。于是齐军趁势追击，收复了所有沦陷的土地，得胜而归。穰苴被任命为大司马。

孙武试兵

【原文】孙武者，齐人也，以兵法见于吴王阖庐。阖庐曰："子之十三篇，吾尽观之矣，可小试勒兵乎？"对曰："可。"阖庐曰："可试以妇人乎？"曰："可。"于是许之，出宫中美人，得百八十人。孙子分为二队，以王之宠姬二人，各为队长。令之曰："汝知而心与左右手背乎？"妇人曰："知之。"孙子曰："前，则视心；左，则视左手；右，则视右手；后，则视背。"妇人曰："诺。"乃设斧钺，三令而五申之。于是鼓之右，妇人大笑。孙子曰："约束不明，申令不熟，将之罪也。"复三令而五申之。鼓之左，妇人复大笑。孙子曰："约束不明，申令不熟，将之罪也。既已明而不如法者，吏士之罪也。"乃欲斩左、右队长。吴王从台上观，见且斩爱姬，大骇，趣使下令曰："寡人已知将军能用兵矣。寡人非此二姬，食不甘味，愿勿斩也！"孙子曰："臣已受命将，将在军，君命有所不受。"遂斩队长二人以徇。用其次为队长，于是复鼓之。妇人左右、前后、跪起，皆中规矩绳墨，无敢出声者。于是孙子使使报曰："兵已整，唯王所欲用之，虽赴水火犹可也。"吴王曰："将军罢休就舍，寡人不愿下观。"孙子曰："王徒好其言，不能用其实。"于是阖庐知孙子能用兵也，卒以为将。西破楚入郢，北威齐、晋，显名诸侯。（群书治要·史记）

【译文】孙武是齐国人，因为擅长兵法，被吴王阖庐接见。阖庐说："你的十三篇兵书，我全读过了，能够演试一下排兵布阵吗？"孙武回答说："可以。"阖庐说："可以用妇女试试吗？"孙武说："可以。"阖庐就答应了他，叫出宫里的美女，总计一百八十人。孙武将她们分成两队，让吴王宠爱的两个侍妾分别担任各队的队长，命令她们说：“你们知道你们的心、左右手和背吗？”妇人们说：“知道。”孙武说：“当我发令时，向前，就看你们心口所对的方向；向左，就看左手所在的方向；向右，就看右手所在的方向；向后，就看背所对的方向。”妇人们说：“是。”号令已经交待清楚，就陈设了斧钺等刑具，当即又把已经宣布的口令反复交待了好几遍。于是击鼓传令，让她们向右，妇人们大笑起来。孙武说：“纪律不清楚，号令不熟悉，这是将领的过错。”又反复交待了好几遍。然后击鼓传令，让她们向左，妇人们又大笑。孙武说：“纪律不清楚，号令不熟悉，这是将领的过错。既已明白，却不依照号令去做，这是军官和士兵的过错。”欲杀左、右两队的队长。吴王在台上观看，看到要杀自己心爱的侍妾，大吃一惊，急忙派使者传下命令说：“我已经知道将军善于用兵了。我如果没有这两个妃子，就连饭都吃不下去，希望不要杀她们！”孙武说：“我既然奉命做了将领，将领在军队里，可以不接受君王的命令。”于是杀了两个队长以示众。又派两个人担任队长，于是再次击鼓操练。这次妇人们向左向右、上前退后、下跪起立，都符合命令和纪律的要求，没有人敢吭声。这时，孙武派人向吴王报告说：“队伍已经操练整齐，听凭大王使用她们，即使叫她们赴汤蹈火也做得到。”吴王说：“将军回去休息吧，我不愿下来观看。”孙武说：“大王只是喜欢我的兵书，却不能付诸实践。”于是阖庐知道孙武善于用兵，后来终于任命他做了将军。吴国军队向西打败强大的楚国，攻占郢都，向北威震齐国和晋国，在诸侯中威名显扬。

吴起为将

【原文】吴起者，卫人也。魏文侯以为将，与士卒最下者同衣食。卧不设席，行不骑乘，亲裹粮，与士卒分劳。卒有病疽者，吴起为吮之。卒母哭之，人曰："子卒也，而将军自吮其疽，何哭为？"母曰："不然也。往年吴公吮其父，其父战不旋踵，而遂死于敌。今又吮此子，妾不知其死处矣，是以哭之。"（群书治要·史记）

【译文】吴起是卫国人。魏文侯用他做主将。他与最下等的士兵穿同样的衣服、吃同样的饭；睡觉不铺设柔软的垫褥，行军不骑马乘车；亲自背负军粮，替士兵分担劳役。有个生了恶性毒疮的士兵，吴起替他吮吸脓汁。士兵的母亲听到消息后哭了起来。有人说："你儿子只是个兵，将军却亲自吮吸他的毒疮，你哭什么呢？"母亲说："你不知道啊！往年吴将军替孩子的父亲吮吸毒疮，孩子的父亲在战斗中有进无退，战死在沙场上。如今吴将军又给我儿子吮吸毒疮，我不知道他会死在哪里，因此而哭。"

赵奢贤能

【原文】赵奢者，赵之田部吏也。收税，而平原君家不肯出，奢以法治之，杀平原君用事者九人。平原君怒，将杀奢，因说曰："君于赵为贵公子，今纵君家而不奉公，则法削，法削则国弱，国弱则诸侯加兵，诸侯加兵，是无赵也，君安得有此富乎？以君之贵，奉公如法，则上下平，上下平则国强，国强则赵固，而君为贵戚，岂轻于天下邪？"平原君以为贤，言之王。王用之治国赋，国赋大治，民富而府库实。秦伐韩，军阏与。王乃令奢将，救之，大破秦军。惠文王赐奢爵号为马服君。（群书治要·史记）

【译文】赵奢是赵国的一个征收田赋的官吏。征收租税时，平原君家不肯缴纳，赵奢依法办理，杀了平原君家九个管事的人。平原君发怒，准备杀赵奢。赵奢趁机劝说道："您在赵国是贵公子，现在纵容您家而不奉公办事，那么国法就会削弱；国法削弱，国家就会衰弱；国家衰弱，各国就会进兵侵犯；各国进兵侵犯，赵国就不能存在。那么，您怎么能保持这样的富贵呢？像您这样地位高贵的人，能够奉公守法，那么全国上下就会安定；上下安定，国家就会强盛；国家强盛，赵国就会巩固。而您是尊贵的皇亲，难道会被天下轻视吗？”平原君认为赵奢贤能，就把他推荐给了赵王。赵王任用他管理全国赋税，结果国家赋税工作搞得很好，百姓富裕，国库充实。秦国进攻韩国，军队驻扎在阏与。赵王便派赵奢为将去援救韩国，结果打败了秦军。赵惠文王赐赵奢封号为马服君。

纸上谈兵

【原文】孝成王立。秦与赵兵相距长平，使廉颇将，固壁不战。秦之间言曰：“秦之所恶，独畏赵奢之子赵括为将耳。”赵王因以括为将，代廉颇。括自少时学兵法，言兵事，以天下莫能当。尝与其父奢言兵事，奢不能难，然不谓之善。括母问其故，奢曰：“兵，死地也，而括易言之。使赵不将括则已，若必将之，破赵军者必括也。”及括将行，其母上书曰：“括不可使将。”王曰：“何以？”对曰：“始妾事其父，时为将，身所奉饭而进食者以十数，所友者以百数，大王及宗室所赏赐者，尽以与军吏士大夫，受命之日，不问家事。今括一旦为将，东向而朝，军吏无仰视之者，王所赐金帛，归藏家，而日视便利田宅可买者。王以为何如其父？父子异心，愿王勿遣。”王曰：“母置之，吾已决矣。”终遣之。括既代廉颇，悉更约束，易置军吏。秦将白起闻之，纵奇兵，射杀括。数十万之众遂降秦，秦悉坑之。（群书治要·史记）

【译文】赵孝成王即位。秦国和赵国的军队在长平对峙。赵王派遣廉颇带兵抗秦，赵军坚守营垒不出战。秦国的间谍传布流言说："秦国最担心的就是赵奢的儿子赵括担任将军。"赵王因此用赵括为将，替代廉颇。赵括年轻时学习兵法，谈论军事，认为天下没有谁能比得上自己。他曾经和他父亲赵奢谈论用兵，赵奢难不住他，但并不认为他能力强。赵括的母亲问赵奢为什么这样认为，赵奢说："战争是要死人的，可他却说得那么轻易。赵国不用他当将领倒也罢了，如果一定用他为将领，使赵国吃败仗的一定是他。"等到赵括将要出发，他母亲上书给赵王，说道："不能派赵括当将军。"赵王说："为什么？"回答说："当初我侍奉他父亲的时候他父亲正当大将，他每天亲自端饭端汤招待吃喝的有几十个人，结交为朋友的有几百个人；大王和王族所赏赐的东西，全部分给军官及僚属；从接受命令的那天起，就不过问家里的事。现在赵括刚做将军，就面向东方接受部下的拜见，军官没有敢抬头看他的；大王赏赐的金银绸缎，他都拿回来收藏在家，而且天天打听便宜合适、可以买下的田地房屋。大王觉得这哪一点像他父亲？父亲与儿子的想法不同，希望大王不要委派他。"赵王说："老人家别管这件事了，我已经决定了。"赵王终于派遣赵括为将。赵括代替廉颇以后，全部更改了纪律和号令，撤换了军官。秦将白起听到这些以后，派出奇兵，射死了赵括。于是，赵国几十万大军投降秦军，秦军将其全部活埋。

灾祥第八

太戊胜妖

【原文】帝太戊立，伊陟为相〔伊陟，伊尹子也〕。亳有祥，桑谷共生于朝，一暮大拱〔祥，妖怪也。二木合生，不恭之罚〕。太戊惧，问伊陟，曰："臣闻妖不胜德。帝之政，其有阙与？帝其修德。"太戊从之，而祥桑枯死。殷复兴，故称中宗。（群书治要·史记）

【译文】帝太戊即位，任命伊陟为相。当时亳都出现了怪异之兆，一棵桑树和一棵楮树合抱而生长于朝堂，一夜之间长得一个人不能合抱。太戊感到恐惧，问伊陟，伊陟说："我听说，妖怪不能战胜有德的人。君王的政令大概有什么失误吧？请您注意推行德政！"太戊听从了他的话，随之怪树便枯萎死去。殷朝又得以中兴，所以太戊被称为"中宗"。

殷国大妖

【原文】武王伐殷，得二丈夫而问之曰："殷之将亡，亦有妖乎？"其一人对曰："有。殷国尝雨血雨灰雨石，小者如椎，大者如箕，六月雨雪深尺余。"其一人曰："是非国之大妖也。殷君喜以人喂虎，喜割人心，喜杀孕妇，喜杀人之父，孤人之子，喜夺喜诬，以信为欺，欺者为真，以忠为不忠；忠谏者死，阿谀者赏；以君子为下，急令暴取，好田猎，出入不时，喜治宫室修台池，日夜无已；喜为酒池肉林糟丘，而牛饮者三千；饮人无长幼之序、贵贱之礼；喜听谗用举，无功者赏，无德者富；所爱专制而擅令，无礼义，无忠信，无圣人，无贤士，无法度，无升斛，无尺丈，

无称衡。此殷国之大妖也。”（群书治要·六韬）

【译文】武王讨伐商朝，遇到两个成年男子便问道：“殷国之所以将要灭亡，也有反常怪异之事吗？”其中一人答道：“有。殷国曾下血雨、灰雨、石雨，小的像锥尖，大的如箕斗，六月下雪深达尺余。”另一人说：“这还不是亡国的大怪异现象。纣王喜欢用人来喂虎；喜欢挖人的心；喜欢剖开孕妇肚子；喜欢杀人之父，让人当孤儿；喜欢豪夺和诬陷，把诚信说成欺骗，把欺骗当作真实，把忠信者视为不忠；忠臣劝谏者被处死，阿谀奉承者受到奖赏，以君子为卑下之人；政令多变，暴取豪夺；喜好打猎，出入没有一定的时节；喜欢修造宫室台池，日夜不停；喜欢建造酒池肉林和酒糟堆成的小山，招集三千人狂饮；且饮酒者不分长幼的序次、不讲贵贱的礼节；喜欢听信谗言，任用他们举荐的人，无功者受赏，无德者居富；所喜爱的人是专制而独揽政令之人，不讲礼义、不讲忠信，朝中无圣人、无贤士，国家没有合理法度，没有升斗等大小的标准，没有量长短、称轻重的标准器具。这些都是殷国大反常、怪异之事。”

齐侯消灾

【原文】二十六年，齐有彗星〔出齐之分野〕，齐侯使禳之〔禳，除〕。晏子曰：“无益也，只取诬焉〔诬，欺也〕。天道不谄〔谄，疑也〕，不贰其命，若之何禳之？且天之有彗，以除秽也。君无秽德，又何禳焉？若德之秽，禳之何损？《诗》曰：‘惟此文王，小心翼翼。昭事上帝，聿怀多福。厥德不回，以受方国〔翼翼，恭也。聿，惟也。回，违也。言文王德不违天人，故四方之国归往之〕。’君无违德，方国将至，何患于彗？《诗》曰：‘我无所监，夏后及商。用乱

之故，民卒流亡。’若德回乱，民将流亡，祝史之为，无能补也。”公悦，乃止。（群书治要·春秋左氏传）

【译文】鲁昭公二十六年，齐国上空有彗星出现，齐景公想要请巫师祭祷消灾。晏婴说：“这没有什么用，只能招来欺骗。天道不会接受巴结奉承，也不会背离其原有的意志，为什么要去祭祷？况且天上有彗星，是用来扫除污秽的。君主没有污秽的德行，又何必祭祷呢？如果德行有污秽，即使祭祷，又能减轻什么呢？《诗经》说：‘惟有这位周文王，小心翼翼。光明正大地事奉天帝，招来福禄无量。他的德行没有邪恶，以致四方之国都来归附。’君王只要没有违背道德，四方诸侯都会来归附，又何必恐惧彗星呢？《诗经》说：‘我没有所借鉴的，要有就是夏后和商。由于政事邪恶混乱的缘故，民众终于流亡。’如果德行邪恶混乱，人民将要流亡，祝史的祷告，也是不能弥补的。”齐景公听了晏婴的话后很高兴，就中止了祭祀消灾的念头。

昭王除灾

【原文】六年，楚有云如众赤鸟，夹日而飞三日。楚子使问诸周太史，周太史曰：“其当王身乎〔日为人君，妖气守之，故为当王身〕！若禜之，可移于令尹、司马〔禜，禳祭〕。”王曰：“除腹心之疾，而寘诸股肱，何益？不谷不有大过，天其夭诸？有罪受罚，又焉移之？”遂不禜。孔子曰：“楚昭王知大道矣！其不失国也，宜哉！”（群书治要·春秋左氏传）

【译文】鲁哀公六年，楚国上空连续三天出现像一群红鸟似的云彩，在太阳两边飘飞。楚昭王派人去询问周太史，周太史回答说：“这是一种凶兆，可能应验在大王您身上。不过，假如举行祭祀消灾，可以把灾祸转移到令尹或司马身上。”楚昭王说：“把腹心的疾病除掉，却转移至大腿胳膊，有什么益处？我如果没有大的过错，上天能让我灭亡吗？如果因有罪而受到惩罚，又怎能转移呢？”于是楚昭王取消了祭祀消灾。孔子赞美说：“楚昭王懂得大道了。他不丧失国家，是当然的！”

景公荧惑

【原文】宋景公之时，荧惑在心，公惧，召子韦而问之，曰：“荧惑在心，何也？〔子韦，宋之太史〕”子韦曰：“荧惑者，天罚也；心者，宋分野也，祸当君。虽然，可移于宰相。”公曰：“宰相所与治国家也，而移死焉，不祥。”曰：“可移于民。”公曰：“民死，寡人将谁为君乎？”曰：“可移于岁。”公曰：“岁饥，民必饿死。为人君而杀其民以自活，其谁以我为君乎？是寡人之命固尽已（已下旧有乎字，删之），子无复言矣。”子韦再拜曰：“臣敢贺君。天之处高而听卑，君有至德之言三，天必三赏君命，今昔荧惑必徙三舍，君延年二十一岁。”是昔也，荧惑果徙三舍。（群书治要·吕氏春秋）

【译文】宋景公在位时，荧惑星（火星）出现在心星的位置，景公害怕，召来太史子韦询问，说：“荧惑星在心星的位置，是怎么回事？”子韦说：“荧惑星，是天上主管处罚的；心星的位置，正是宋国的天空领域。此祸要降到国君身上。即使这样，可（通过祈祷）把灾祸转移给宰相。”景公说：“宰相是帮助我治理国家的人，却把死转移给他，不吉祥。”子韦说：“可转移给百姓。”景公说：“百姓死了，寡人将做谁的国君呢？”子韦说：

“可转移给（庄稼的）收成。”景公说：“收成不好，百姓必定饿死，作为国君而杀死他的百姓来使自己活命，谁还会拿我当作国君呢？这是寡人的命本来要完结了，你不要再说了。”子韦拜了两拜说：“我冒昧地祝贺您！上天在高处会听到地上的一切。国君您说了三句具有最高品德的话，上天必定三次赏您性命。今晚荧惑星一定会迁移到三舍之外，您将延年二十一岁。”这一夜，荧惑星果然迁移到三舍之外。

康王见瑞

【原文】宋康王之时，有雀生鹯于城之陬，使史占之，曰：“小而生大，必霸天下。”康王大喜。于是灭滕，伐诸侯，取淮北之地。乃愈自信，欲霸之亟成，射天笞地，斩社稷而焚之，骂国老之谏者，为无头之冠，以示有勇，国人大骇。齐王闻而伐之，民散城不守，王乃逃而死。故见祥而为不可，祥必为祸！（群书治要·贾子）

【译文】宋康王时，有只麻雀在城角生出了一只类似鹞子的晨风鸟。康王便让令史占卜，令史占后说：“小鸟生大鸟，必定要雄霸天下。”宋康王听后特别喜欢。于是他消灭了滕国，讨伐诸侯，并夺取了淮北地区。于是康王越发自信，想要霸业快点成就，向天上射箭，对地神进行鞭笞，断绝对土神、谷神之祭且焚烧其庙，责骂朝廷老臣中谏诤之人，制做无头人戴的帽子，以显示自己的勇敢。宋国人为之大惧。齐王听说后讨伐宋国，百姓离城而去，不予防守，康王只好逃跑而死。所以见到祥瑞而去做不应做之事，祥瑞必会变成祸患。

卷五 用人

知人第一

管鲍之交

【原文】管仲夷吾者，颍上人也。少时常与鲍叔牙游，鲍叔知其贤。管仲贫困，常欺鲍叔，鲍叔终善遇之。已而鲍叔事齐公子小白，管仲事公子纠。及小白立，公子纠死，管仲囚焉，鲍叔遂进管仲。管仲既用，任政于齐，桓公以霸。九合诸侯，壹匡天下，管仲之谋也。鲍叔既进管仲，以身下之，子孙世禄于齐，常为名大夫。世不多管仲之贤，而多鲍叔能知人也。（群书治要·史记）

【译文】管仲，名夷吾，是颍上县人。年轻时经常和鲍叔牙在一起，鲍叔牙知道他有才德。管仲贫困，常占鲍叔牙便宜，鲍叔牙始终友好地对待他。不久，鲍叔牙服侍齐公子小白，管仲服侍齐公子纠。等到小白登位，公子纠死了，管仲被囚禁，这时鲍叔牙向齐桓公推荐了管仲。管仲被任用，在齐国当政，齐桓公因此称霸天下。九次会盟诸侯，扶持王室，稳定局面，这都是管仲的谋略。鲍叔牙推荐管仲之后，自己位于管仲之下，他的子孙世世代代都在齐国享受俸禄，多人成为齐国著名的大夫。天下人不称赞管仲的才德，而称赞鲍叔牙能够辨识人才。

识人第二

荆人善相

【原文】荆有善相人者，所言无遗策〔遗，失〕。庄王见而问焉，对曰："臣非能相人也，能观（观原作视）人之友也。布衣也，其友皆孝悌，纯谨畏令，如此者，家必日益，身必日安，此所谓吉人也；事君也，其友皆诚信有行好善，如此者，事君日益，官职日进，此所谓吉臣也；人主也，朝臣多贤，左右多忠，主有失，敢交争正谏〔交，俱〕，如此者，国日安，主日尊，天下日服，此所谓吉主也。臣非能相人也，能观人之友也。"庄王喜（喜原作善）之，于是疾收士，日夜不懈，遂霸天下。（群书治要·吕氏春秋）

【译文】楚国有个善于给人看相的人，所说的不曾有失算。楚庄王召见他询问此事，他回答说："我并非能给人看相，而是能观察此人的朋友。观察平民，如果他的朋友都孝顺父母、尊敬兄长，忠厚严谨、敬畏政令，那么像这样的人，家庭必然一天比一天兴旺，自己必然一天比一天安乐，这就是所说的吉人；观察侍奉君主的人，如果他的朋友都诚实守信、德行高尚、喜好为善，那么像这样的人，侍奉君主会一天比一天更好，官职会一天比一天高升，这就是所说的吉臣；观察君主，如果朝臣大多贤能，侍从大多忠诚，君主如有过失，他们都敢于据理劝谏，像这样的君主，国家会一天比一天安定，君主会一天比一天尊贵，天下人会一天比一天敬服，这就是所说的吉主。我并不能给人看相，只能观察人的朋友啊。"庄王认为他说得好，于是大力招纳贤士，日夜不松懈，终于称霸天下。

管仲论相

【**原文**】管仲有病，桓公往问之曰："仲父之病病矣！若不可讳，将何以诏寡人？"管仲对曰："臣愿君之远易牙、竖刁、堂巫、公子开方。夫易牙以调味事公，公曰：'唯烝婴儿之未尝也。'于是烝其首子而献之公。人情非不爱其子也，于子之不爱，将何有于公？公喜宫而妒，竖刁自刑而为公治内。人情非不爱其身也。于身之不爱，将何有于公？公子开方事公十五年，不归视其亲。于亲之不爱，焉能有于公？"桓公曰："善。"管仲死，已葬，公召四子者废之。逐堂巫而苛病起，逐易牙而味不至，逐竖刁而宫中乱，逐公子开方而朝不治。桓公曰："嗟！圣人固有悖乎？"乃复四子者。处期年，四人作难，围公一室，十日不通。公曰："嗟！死者无知则已，若有知，吾何面目以见仲父于地下？"乃援素幭以裹首而绝。死十一日，虫出于户，葬以扬门之扇，以不终用贤也。（群书治要·管子）

【**译文**】管仲有病，桓公前去探问，说："仲父的病变重了，如果发生不可避讳的事，你有什么话提前告知我吗？"管仲回答说："我希望您疏远易牙、竖刁、堂巫、公子开方。易牙用烹饪侍候您，您说唯有蒸婴儿的味道不曾尝过，于是易牙就蒸了他的第一个儿子献给您。就人之常情来说，没有不爱自己儿子的，易牙对自己的儿子都不爱，怎么会爱您呢？您爱女色而（后宫内多）妒忌，竖刁就自阉而替您管理内宫。就人之常情来说，没有不爱自己身体的，竖刁对自己的身体都不爱，怎么会爱您呢？公子开方侍奉您，十五年没有回家探视亲人，连亲人都不爱，怎么会爱您呢？"桓公说："说得对。"管仲去世，殡葬之后，桓公召见这四个人，并罢免了他们的官职。驱逐了堂巫后，各种杂症不断发生；驱逐了易牙后，许多美味吃不到；驱逐了竖刁后，宫室内秩序混乱；驱逐了公子开方后，朝堂管理无序。桓公说：“啊！圣人原来也有谬误之处呀！”于是恢复了四人的官职。过了一年，四人作乱，把桓公拘禁在一间屋子里，十天不与外界沟通。桓公说：“唉！死了没有知觉就罢了，如果有知觉，我有什么面目见仲父于地下呢？”于是就拿自己白色的头巾裹头而死。死了十一天，尸体腐烂，蛆虫都爬出门户，人们才知道桓公死了，遂用废弃的门板收葬了尸体。这都是因为他没有始终如一地任用贤能。

择人而树

【原文】阳虎得罪，北见简子曰：“自今以来，不复树人矣。”简子曰：“何哉？”对曰：“夫堂上之人，臣所树者过半矣；朝廷之吏，臣所立者亦过半矣；边境之士，臣所立者亦过半矣。今夫堂上之人，亲却臣于君；朝廷之吏，亲危臣于法；边境之士，亲劫臣于兵。”简子曰：“唯贤者为能复恩，不肖者不能。夫树桃李者，夏得休息，秋得食焉；树蒺藜者，夏不得休息，秋得其刺焉。今子之所树（树原作种）者，蒺藜也，非桃李也。自今已来，择人而树之，毋已树而择之也。”（群书治要·说苑）

【译文】阳虎因事被降罪，北去晋国谒见赵简子说：“从今以后，我不再培养人了。”赵简子问：“为什么呢？”阳虎回答说：“那朝堂上的大臣，我所培养的超过了半数；朝廷中的官吏，我所培养的也超过了半数；那边境上的将士，我所培养的还是超过了半数。现在那朝堂上的大臣，亲自在君王面前排斥我；朝廷中的官吏，亲自以刑法来危害我；边境上的将士，亲自以武力劫持我。”赵简子说："只有贤人才能报恩，不贤的人是不能的。种植桃李的人，夏天能在树荫下得到休息，秋天能得到果实吃；种植蒺藜的人，夏天没有树荫可休息，秋天得到的是棘刺。现在你所栽培的就是蒺藜，并不是桃李。从今以后，要选择人材来进行培养，不要已经栽培了才选择。"

尚贤第三

得师者王

【原文】魏武侯尝谋事，群臣莫能及，罢朝而有喜色。吴起进曰：“昔楚庄王谋事，群臣莫能及，罢朝而有忧色。曰：‘寡人闻之，世不绝圣，国不乏贤，能得其师者王，能得其友者霸。今寡人不才，而群臣莫之过，国其殆矣！’庄王所忧，而君悦之，臣窃惧矣。”于是武侯乃惭。（群书治要·吴子）

【译文】魏武侯曾经和群臣商议国事，群臣的见解都不如他，他退朝以后面有喜色。吴起进谏道：“从前楚庄王曾经和群臣商议国事，群臣都不及他，他退朝后面有忧色。说：‘我听说世上不会没有圣人，国家不会缺少贤人。能得到他们做老师的，可以称王；得到他们做朋友的，可以称霸。现在我没有才能，而群臣还不如我，楚国危险了。’楚庄王所忧虑的事，您却反而喜悦，我私下深感忧惧。”于是魏武侯感到很惭愧。

楚国之宝

【原文】秦欲伐楚，使使者往观楚之宝器。楚王闻之，召令尹子西而问焉，曰：“秦欲观楚之宝器，吾和氏之璧、随侯之珠，可以示诸？”令尹子西对曰：“不知也。”召昭奚恤而问焉，昭奚恤曰：“此欲观吾国得失而图之。宝器在贤臣，珠玉玩好之物，非宝之重者也。”王遂使昭奚恤应之。昭奚恤为东面之坛一，为南面之坛四，为西面之坛一。秦使者至，昭奚恤曰：“君客也，请就上位东面，令尹子西南面，太宗子敖次之，叶公子高次之，司马子反次之。”昭奚恤自居西面之坛，称曰：“客欲观楚之宝器，楚国之宝者，贤臣也。理百姓，实仓廪，使民各得其所，令尹子西在此；奉珪璧使诸侯，解忿悁之难，交两国之欢，使无兵革之忧，太宗子敖在此；守封疆，谨境界，不侵邻国，邻国亦不见侵，叶公子高在此；理师旅，整兵戎，以当强敌，提枹鼓以动百万之众，所使皆趣汤火、蹈白刃，出万死不顾一生，司马子反在此；怀霸王之余议，摄(摄原作撮)治乱之遗风，昭奚恤在此。唯大国之所观。”秦使者瞿然无以对。使者反，言于秦君曰：“楚多贤臣，未可谋也。”遂不伐楚。（群书治要·新序）

【译文】秦国想攻打楚国，派使臣去察看楚国的国宝。楚王听到这个消息，就召见令尹子西来询问说：“秦国要看楚国的国宝，我的和氏璧、随侯之珠，可以拿给他们看吗？”令尹子西答道：“我不知道(该不该这么做)。”(楚王)又召见昭奚恤来询问，昭奚恤回答说：“这是想观察我国政治的利弊而图谋侵犯(不在于想看宝物)。国宝就是贤臣，珠玉之类的赏玩之物，不是值得珍视的国宝。”楚王于是就派昭奚恤应付这件事。昭奚恤在东面建了一座土台，在南面建了四座土台，在西面建了一座土台。秦国使者到来，昭奚恤说：“先生是客人，请您坐在面朝东的上位。”令尹子西面向南而坐，太宗子敖、叶公子高、司马子反依次就座，昭奚恤自己坐在面西的土台上。他说：“客人想看看楚国的国宝，而楚国所珍视的是贤能的臣子。若论及治理百姓，充实府库，使百姓各得其所，令尹子西就在这里；若论及捧着玉硅玉璧，出使各诸侯国，消解彼此的愤怒和怨仇，结交两国的友谊，使国家没有战争的忧患，太宗子敖就在这里；若论及保卫国土，严守疆界，不侵犯邻国，也不被邻国侵犯，叶公子高就在这里；若论及管理军队，整治军备，来抵抗强大的敌人，亲自擂战鼓来激励百万大军，他的部下都能赴汤蹈火，面对刀剑，万死不辞，司马子反就在这里；心怀曾为霸主的先王留下的治国主张，整顿治世乱世的遗风，我昭奚恤也在这里，请大国的使者随意看吧！”秦国的使者吃惊地看着，答不出话来。秦国的使者回国后对秦王说：“楚国有很多贤臣，不能打楚国的主意。”于是就没有攻打楚国。

南郭先生

【原文】昔齐王好听竽声，必令三百人合吹而后听之，廪以数人之俸。南郭先生不知吹竽者也，以三百人合吹，可以容其不知，因请为王吹竽，虚食数人之俸。嗣王觉而改之，难彰先王之过，乃下令曰：“吾之好闻竽声，有甚于先王，欲一一列而听之。”先生于此逃矣。推贤之风不立，滥举之法不改，则南郭先生之徒盈于朝矣。才高守道之士日退，驰走有势之门日多矣。虽国有典刑，弗能禁矣。让道不兴之弊，非徒贤人在下位，不得时进也，国之良臣，荷重任者，亦将以渐受罪退矣。（群书治要·晋书）

【译文】昔日齐宣王爱听吹竽的乐声，且一定让三百人一起吹竽来听，官方给每人发放几个人的薪酬。有个南郭先生是个根本就不会吹竽的人，认为是三百人一起吹竽，可以包容其不会，因而他就请求为齐王吹竽，白拿几个人的薪俸。后来继位的齐湣王发觉了这一情况想予以改正，又怕彰显出先王的过失，就下令说：“我喜欢听竽声，比先王更甚，但我想听一个人一个人依次吹竽。”南郭先生因此就溜走了。推选贤才之风不立，过滥地举荐士人之法不改，那么像南郭先生这样的人就满朝都是了。才智高超、守持道义之士日见贬退，奔走于有权势者之门的人就会一天天增多。尽管国家有法典刑罚，也不能遏止这种情况。推贤让能之道不能实行的弊端，不仅仅是贤人处于下位，得不到及时进用，就是担负国家重任的忠良之臣，也将会逐渐受到惩处而被贬退了。

子张去鲁

【原文】子张见鲁哀公，见七日，哀公不礼，托仆夫去，曰："臣闻君好士，故不远千里之外，百舍重趼，不敢休息以见君，见七日，而君不礼。君之好士也，有似叶公子高之好龙也。叶公子高好龙，钩以写龙，凿以写龙，屋室雕文以写龙。于是也，天龙闻而下之，窥头于牖，拖尾于堂，叶公见之，弃而还走，失其魂魄。是叶公非好龙也，好夫似龙而非龙者也。今臣闻君好士，故不远千里之外以见君，七日不礼。君非好士也，好夫似士而非士者也。《诗》曰：'中心臧之，何日忘之。'敢托而去。"（群书治要·新序）

【译文】子张去拜见鲁哀公，求见七天，鲁哀公不以礼召见，子张托仆人带话："臣下听说主公喜欢士人，因此不远千里，中途住宿百次，脚上磨起层层厚茧，来不及歇一口气就来拜见主公，求见了七天，而君主您不给予应有的礼遇。（看来）君主喜欢士人，就像叶公子高喜欢龙一样。叶公子高喜欢龙，用木工圆规来摹画龙，用木工凿子来雕刻龙，房子里雕刻绘画的都是龙。于是，天上的龙听说后就从天而降，把头伸进窗子，尾巴拖在厅堂。叶公看见后，丢开它回头就跑，吓得失魂落魄。（这样看来）叶公喜欢的不是龙，他喜欢的是像龙而又不是龙的东西。而今臣下听说君主喜欢士人，所以不远千里跋涉来见君主您，求见七天，君主您不予礼遇。看来，君主您喜欢的不是士人，而是喜欢像士人而又不是士人的人。《诗经》说：'把这个人的好处记在心里，没有哪一天忘记。'我要走了，冒昧地托人带话给您。"

宣王拜相

【原文】昔者邹忌以鼓琴见齐宣王，宣王善之，与语三日，遂拜以为相。有稷下先生淳于髡之属，七十二人，乃相与俱行，见邹忌曰："狐白之裘，补之以弊羊皮，何如？"忌曰："诺，请不敢杂贤以不肖。"髡曰："方内而圜缸，何如？"忌曰："诺，请谨门户，不敢留客。"髡等曰："三人共牧一羊，羊不得食，人不得息，何如？"忌曰："诺，请减吏省员，使无扰民。"淳于髡等三称（称原作辞），邹忌三知之，如应响。淳于髡等辞屈，辞而去。（群书治要·新序）

【译文】从前，邹忌以善于弹琴谒见齐宣王。宣王认为此人不错，与他一连谈了三天，遂拜邹忌为相国。有一天，齐国稷下学者淳于髡等一行七十二个人，结伴一起去见邹忌说："雪白的狐皮袍子，补上一块旧羊皮，怎么样？"邹忌说："噢，请不要把贤能之士与不肖之徒相混杂。"淳于髡说："能装进方形的器物，现在想装圆形的缸，怎么办？"邹忌说："噢，请谨慎门户，不敢留宾客。"淳于髡等人说："三个人一起牧放一只羊，羊得不到草吃，人也没工夫休息，怎么办？"邹忌说："噢，请裁减官吏，减少冗员，使其不要侵扰百姓。"淳于髡等人三次设问，邹忌都理解其寓意，像回音与声响那样迅速准确地作出回答。淳于髡等人理屈辞穷，只好告辞而去。

纳贤第四

九九之术

【原文】齐桓公设庭燎，期年而士不至。于是有以九九之术见者，公曰："九九足以见乎？"对曰："臣非以九九为足以见。臣闻主君待士，期年而士不至。夫士之所以不至者，君天下之贤君也，四方之士，皆自以不及，故不至也。夫九九薄能耳，而君犹礼之，况贤于九九者乎？"公曰："善。"乃因礼之。期月，四方之士相携而并至。（群书治要·说苑）

【译文】齐桓公在厅堂上设置了照明的大蜡烛（为了对前来求见的士人表示敬意），过了一年，却没有士人前来。这时，有个会背九九乘法口诀的人来求见，齐桓公说："懂得九九算术口诀哪值得来求见呢？"此人回答说："我并不认为凭九九算术口诀便值得求见。我听说君主（在厅堂上设置了明烛）礼待士人，过了一年却没有士人来。士人之所以不来，是因为君主是天下的贤君，四方的士人，自认为不及君王，所以没有来。这九九乘法口诀只是微小的技能，而您还能以礼相待这样的人，何况比懂得九九算术更有才能的人呢？"齐桓公说："讲得好。"于是便以礼相待。过了一个月，四方的士人便携手而来。

择贤第五

文侯定相

【原文】魏文侯受子夏经艺，客段干木，过其闾，未尝不轼也。秦尝欲伐魏，或曰："魏君贤人是礼，国人称仁，上下和合，未可图也。"文侯由此得誉于诸侯。文侯谓李克曰："先王尝教寡人曰：'家贫则思良妻，国乱则思良相。'今所置非成则璜〔文侯弟名成也〕，二子何如？"对曰："君不察故也。居视其所亲，富视其所与，达视其所举，穷视其所不为，贫视其所不取，五者足以定之矣，何待克哉？"文侯曰："寡人相定矣。"李克曰："魏成子为相矣。"翟璜忿然作色曰："以耳目之所睹记，臣何负于魏成子？西河之守，臣之所进也。君内以邺为忧，臣进西门豹。君谋欲伐中山，臣进乐羊。中山已拔，无使守之，臣进先生。君之子无傅，臣进屈侯鲋。臣何以负于魏成子！"李克曰："且子之言克于子之君者，岂将比周以求大官哉？且子安得与魏成子比乎？魏成子以食禄千钟，什九在外，什一在内，是以东得卜子夏、田子方、段干木。此三人者，君皆师之。子所进五人者，君皆臣之。子恶得与魏成子比也？"翟璜逡巡再拜曰："璜，鄙人也，失对，愿卒为弟子矣。"（群书治要·史记）

【译文】魏文侯向子夏学习儒家经典和才艺，以客礼对待段干木，每次经过段干木居住的邑里，总是下车凭轼表示敬意。秦国曾想进攻魏国，有人说："魏国国君礼贤下士，上下和睦团结，不可图取。"魏文侯因此在诸侯中享有很高声誉。魏文侯对李克说："先王曾教诲我说："家贫就需娶贤妻，国乱就需选贤相。"现在宰相的人选，不是魏成子就是翟璜，两个人谁更合适？"李克回答说："是君王没有考察的缘故。平时考察他亲近的人，富贵时考察他交往的人，做官时考察他举荐的人，穷困时考察他不做的事，贫贱时考察他不要的东西。从这五个方面就能够确定宰相人选了，哪里还用得着我说呢？"魏文侯说："谁做宰相我已决定了。"李克说："魏成子做宰相啦。"翟璜气愤得脸都变了颜色，说："凭耳闻目睹的事实，我哪点比不上魏成子？西河郡守是我举荐的。君王内心为邺郡忧虑，我举荐西门豹做邺守；君王图谋攻灭中山国，我举荐乐羊为将；中山攻克后，找不到可镇守的人，我举荐先生你；君王的儿子没有师傅，我举荐屈侯鲋。我哪点比不上魏成子？"李克说："您把我举荐给君王的原因，难道是打算结党营私来谋求大官吗？再说，您怎么能和魏成子相比呢？魏成子俸禄千钟，十分之九用在外面，十分之一用在家里。因此，他从东方招来了卜子夏、田子方、段干木。这三位，君王都尊为老师。您所举荐的五位，君王都任为臣子。您怎么能和魏成子相比呢？"翟璜怃然若失，毕恭毕敬地向李克拜了两拜，说："我是鄙陋的人，刚才的话说得不对，愿意终身做您的学生。"

任人第六

桓公用贤

【原文】有司请事于桓公，桓公曰："以告仲父。"有司又请，桓公曰："以告仲父。"若是者三。在侧者曰："一则告仲父，二则告仲父，易哉为君。"桓公曰："吾未得仲父则难，已得仲父之后，则曷为其不易也。故王者劳于求贤，逸于得人。舜举众贤在位，垂衣裳，恭己无为，而天下治；汤文用伊、吕，成王任周、邵，刑措不用，用众贤故也。"（群书治要·新序）

【译文】有关官员向齐桓公请示一件事情，桓公说："将此事报告给仲父。"有关官员又有人来请示，桓公还是说："将此事报告给仲父。"这样的请示与回答一连几次。在桓公身边侍候的人说："一次是'报告给仲父'，二次还是'报告给仲父'，当个国君也太容易啦！"桓公说："我没有得到仲父的时候当国君觉得很难，得到仲父之后，怎么能不容易呢？所以说，当君主的人寻求贤才是辛苦的，得到了贤才就轻松了。舜提拔了很多贤能的人主管各种事务，自己垂衣正身，威严而坐，不用有所作为，就使天下太平。商汤王、周文王任用伊尹、太公，周成王任用周公、邵（召）公，（结果）刑法都摆在那里用不上，这就是因为用了那班贤能之士啊。"

桓公知衣

【原文】晋平公问于叔向曰："昔齐桓公，九合诸侯，一匡天下，不识其君之力乎？其臣之力乎？"叔向对曰："管仲善制割，隰朋善削缝（缝原作齐），宾胥无善纯缘，桓公知衣而已，亦其臣之力也。”师旷侍曰：“臣请譬之以五味。管仲善断割之，隰朋善煎熬之，宾胥无善齐和之。羹已熟矣，奉而进之，而君不食，谁能强之？亦其君之力也。”（群书治要·新序）

【译文】晋平公问叔向说：“从前齐桓公多次成为诸侯会盟的盟主，匡正天下，不知道那是国君的功劳，还是臣子的功劳？”叔向回答说：“管仲善于剪裁，隰朋善于缝合，宾胥无善于镶边，桓公只知道穿衣而已，这是其臣子的功劳。”师旷在旁陪伴，插嘴说：“在下愿拿菜肴打个比方，管仲善于掌刀切割，隰朋善于煎炒烹煮，宾胥无善于调配作料，一盘佳肴做熟了，捧到君主面前，君主不吃，谁能强迫他吃？这也是君主的功劳吧！”

尊贤不用

【原文】子路问于孔子曰：“贤君治国，所先者何在？”孔子曰：“在于尊贤而贱不肖。”子路曰：“由闻晋中行氏尊贤而贱不肖矣，其亡何也？”子曰：“中行氏尊贤而弗能用，贱不肖而不能去。贤者知其不已用而怨之，不肖者知其必已贱而仇之。怨仇并存于国，邻敌构兵于郊，中行氏虽欲无亡，岂可得乎？”（群书治要·孔子家语）

【译文】孔子的弟子子路问孔子说：“一个贤明的国君治理国家，最先要做的是什么？”孔子说：“是尊重贤才而轻视无能之辈。”子路说：“我听说晋国的中行氏已经尊重贤能人才而轻视无能之辈了，他为什么灭亡了呢？”孔子说：“中行氏尊重贤才却不能重用他们，轻视无能之辈却不能撤换他们。贤能之人知道他不会重用自己而埋怨他，无能之辈知道他肯定轻视自己而仇恨他。埋怨、仇恨同时在国内存在，邻国的敌人又陈兵于国都郊外，虽然中行氏想不灭亡，怎么可能做到呢？”

郭氏之墟

【原文】昔齐桓公出，见一故墟而问之。或对曰：“郭氏之墟也。”复问郭氏曷为墟，曰：“善善而恶恶焉。”桓公曰：“善善恶恶，乃所以为存，而反为墟，何也？”曰：“善善而不能用，恶恶而不能去。彼善人知其贵己而不用，则怨之；恶人见其贱己而不好，则仇之。夫与善人为怨，恶人为仇，欲毋亡，得乎？”（群书治要·桓子新论）

【译文】当年齐桓公外出，见到一古宅的废墟而询问。有人回答说：“这是郭氏宅院的废墟。”桓公又问郭氏宅院怎么会变成废墟呢，那人回答说：“这是因为他喜欢好人而憎恶恶人的缘故。”桓公说：“喜欢善人而憎恶恶人，这是使人得以保全之道，（其宅院）却反而成为一片废墟，这是为什么呢？”回答说：“郭氏虽喜欢好人而不加以重用，憎恶恶人而不赶走他们。那些好人知道他看重自己却不被重用，从而产生抱怨；恶人看到他鄙视自己而得不到喜欢，就会怨恨他。和好人结怨，和恶人结仇，要想不亡，行吗？”

宋燕见逐

【原文】宋燕相齐见逐，罢归之舍，召门尉陈饶等二十六人曰：“诸大夫有能与我赴诸侯者乎？”陈饶等皆伏而不对。燕曰：“悲乎哉！何士大夫易得而难用也。”陈饶对曰：“非士大夫易得而难用，君弗能用也。君不能用，则有不平之心，是失之己，而责诸人也。”燕曰：“其说云何？”对曰：“三斗之稷，不足于士，而君雁鹜有余粟，是君之一过也；果园梨栗，后宫妇女以相提挃，而士曾不得一尝，是君之二过也；绫纨绮縠，靡丽于堂，从风而弊，士曾不得以为缘，是君之三过也。且夫财者，君之所轻也；死者，士之所重也。君不能行君之所轻，而欲使士致其所重，譬犹铅刀畜之，干将用之，不亦难乎？”宋燕曰：“是燕之过也。”（群书治要·韩诗外传）

【译文】宋燕做齐国的卿相而被齐王驱逐，罢官回到家里，召集门尉陈饶等二十六人，对他们说：“各位大夫有愿意跟我找诸侯算账的吗？”陈饶等都伏在地上不回答。宋燕说：“令人悲伤啊！为什么士大夫容易得到却难以任用呢？”陈饶回答说：“不是士大夫容易得到难以任用，是先生不能任用他们。先生不能任用他们，他们就产生不服从的情绪。你这样说，是自己有过错却反而怪罪别人。”宋燕说：“所言指的是什么呢？”陈饶回答说：“你给每个士人三斗黍稷的薪俸，这远不够维持他们的生活，但是你家饲养的鸭鹅却有吃不完的小米，这是先生的第一个过错。你家果园的梨子栗子，内室里的妇女用来抛掷玩乐，可是士人却一颗都没有尝过，这是先生的第二个过错。你家的绫罗绸缎，华丽地悬挂在堂上，随风吹拂而变质败坏，而士人想用一点做衣服的边饰材料都得不到，这是先生的第三个过错。财物是先生所轻视的东西，死亡是士人所重视的东西。先生所轻视的东西尚且不能赐与，而希望士人献出他们所重视的东西，这好比像对待铅刀一样养护他们，而却要求像宝剑一样使用他们，这不是很困难吗？”宋燕说：“这是我宋燕的过错。”

马穷则逸

【原文】鲁定公问于颜回曰："子亦闻东冶毕之善御乎？"对曰："善则善矣！虽然，其马将必逸。"公不悦。其后三日，东冶毕之马逸，公闻之，促驾召颜回。颜回至，公曰："前日寡人问吾子以东冶毕之善御，而子曰'其马将逸'，不识吾子奚以知之？"颜回对曰："以政知之而已矣。昔者帝舜巧于使民，而造父巧于使马。舜不穷其民力，造父不穷其马力。是以舜无逸民，造父无逸马。今东冶毕之御也，历险致远，马力尽矣。然而其心犹求马不已，臣以此知之。"公曰："善哉！吾子之言，其义大矣，愿少进乎？"颜回曰："臣闻之，'鸟穷则啄，兽穷则攫，人穷则诈，马穷则逸。'自古及今，未有穷其下而能无危者也。"公悦。（群书治要·孔子家语）

【译文】鲁定公问孔子的弟子颜回说："您也听说过东冶毕善于驾车的事吗？"颜回答道："东冶毕确实是擅长驾车，虽然如此，我看他的马肯定会跑掉。"鲁定公听了很不高兴。过了三天，东冶毕的马果然逃跑了。定公听到这件事，催促车驾召见颜回。颜回到了，鲁定公说："前日寡人问先生您关于东冶毕善于驾车的事，您却说他的马将跑掉。我不明白先生您是怎么预见到这件事的呢？"颜回答道："臣下我从政事中明白这件事罢了。从前舜帝使用民众很有技巧，而造父驾驭马车也很有技巧。舜帝不穷尽民众的力气，而造父不穷尽马的力气。因此，舜时没有逃亡的百姓，造父驾车没有跑掉的马。现在东冶毕驾驭马车，历经险道又走远路，马的力气用尽了，但他心里还想着要求马奔跑不停。臣下根据这种情况知道马肯定会跑掉。"鲁定公说："对啊！先生话中的道理太重要了，愿意稍作解释吗？”颜回说：“臣下我听说，‘鸟处境困窘时就会有互相啄斗的行为，兽处境困窘时就会互相争食，人处境困窘时就会有欺诈的匿行，马处境困窘时就会逃跑。’从古到今，从来没有使其臣民走投无路而他自己却能没有危险的人啊。”定公听了心悦诚服。

庞恭出使

【原文】魏庞恭与太子质于邯郸，谓魏王曰：“今一人言市中有虎，王信之乎？”王曰：“不信也。”曰：“二人言，王信之乎？”曰：‘寡人疑矣。”曰：“三人言，王信之乎？”曰：“寡人信之矣。”庞恭曰：“夫市之无虎明矣，三人言而成有虎。今邯郸去魏远于市，议臣者过三人，愿王察之也。”魏王曰：“寡人知之矣。”及庞恭自邯郸反，谗口果至矣，遂不得见。（群书治要·新序）

【译文】魏国的庞恭陪从太子到邯郸去做人质，（临行前）对魏王说：“假如有一个人来说闹市里有老虎，大王信不信？”魏王说：“不信。”庞恭说：“有两个人那么说，大王信不信？”魏王说：“我会怀疑。”庞恭说：“三个人这么说，大王信不信？”魏王说：“我会相信有虎。”庞恭说：“闹市没有老虎，这是清清楚楚的事，三个人说有虎就使人信以为真。现在邯郸离魏国比这里离市场远多了，且议论我的人不止三个，我希望大王明察。”魏王说：“我明白你的意思了。”等到庞恭从邯郸回来，不实之辞果然出现了，庞恭终于没有被魏王召见。

李憙出仕

【原文】李憙，字季和，上党人也。累辟三府不就，宣帝复辟为太傅属，固辞。世宗辅政，命憙为大将军从事中郎。憙到引见，谓憙曰："昔先公辟君而不应，今孤命君而至，何也？"对曰："先君以礼见待，憙得以礼进退；明公以法见绳，憙畏法而至。"帝甚敬重焉，迁太常司隶校尉。（群书治要·晋书）

【译文】李憙，字季和，上党郡人。魏朝多次征召他到三公府做官，他都不就职。司马懿又征召他做太傅的属官，他仍坚决推辞。司马师辅佐朝政时，命李憙做大将军从事中郎。李憙来到后引见入朝，司马师向李憙说："当年我父亲征召您而您没有答应，现在我命您做官，为什么却来了呢？"李憙回答说："您父亲是以礼节对待我，我就以礼节考虑退进；您是以法令硬性相邀，我是畏惧法令而来的。"司马师对李憙的为人非常敬重。晋朝建立后，李憙升任太常卿、司隶校尉。

绝缨存士

【原文】楚庄王赐群臣酒，日暮，酒酣，灯（灯原作华）烛灭，乃有引美人衣者。美人援绝其冠缨，告王曰："今烛灭，有引妾衣者，援得其缨，持（持原作待）之矣。促上火，视绝缨者。"王曰："赐人酒，使醉失礼，奈何欲显妇人节，而辱士乎？"乃命左右："今与寡人饮，不绝冠缨者不欢。"群臣皆绝缨，而上火，尽欢而罢。居三（三原作二）年，晋与楚战，有一臣常在前，五合五获首而却敌，卒得胜之。庄王怪而问之，对曰："臣往者醉失礼，王隐忍不暴

而诛，常愿肝脑涂地，用颈血湔敌久（久原作人，改之）矣。臣乃夜绝缨者也。”（群书治要·说苑）

【译文】楚庄王赏赐群臣饮酒，天已黑了，酒兴正浓，灯烛忽然灭了。此时有人拽庄王妃妾的衣服，该妃妾顺手扯断了那人帽子上的带子，告诉庄王说：“刚才灯烛灭时，有人拽我衣裳，我揪断了他帽上的带子并拿来了，取灯火上来，看看谁是断了帽带子的人。”楚庄王说：“赐人饮酒，致使他们醉后失礼，怎么能为了显示妇人的贞节就羞辱勇士呢？”于是命令左右的人说：“今天与我饮酒，不扯断帽带子的人不算尽兴。”群臣都扯断了自己帽上的带子，然后才取火点灯，最后都尽兴而散。过了三年，晋国与楚国打仗，有一个臣子总冲杀在前，五次交战五次擒获敌军官，并打退敌军，最后取得胜利。楚庄王感到奇怪，就问他，那人回答说：“我从前醉后失礼，大王你克制忍耐，不使我出丑，也不杀死我。我常怀着肝脑涂地、以颈上的鲜血溅洒到敌人身上的决心，这已有很久时间了。我就是那天夜里被美人揪断了帽上带子的人。”

宁戚干齐

【原文】宁戚欲干齐桓公，穷困无以自进，于是为商旅赁车以适齐，暮宿于郭门之外。桓公郊迎客，夜开门，辟赁车。宁戚饭牛于车下，击牛角，疾商歌。桓公闻之，曰：“异哉，此歌者，非常人也。”命后车载之。桓公反，宁戚见，说桓公以全境内。明日复见，说桓公以为天下。桓公大悦，将任之，而群臣争之，曰：“客卫人，去齐不远，不若使人问之，而贤也，用之未晚也。”桓公曰：“不然。问之恐有小恶，以其小恶，忘人之大美，此人主之所以失天下之士也。且人固难全，权用其长者。”遂举而授之以为卿。当此举也，

桓公得之矣，所以成霸也。（群书治要·新序）

【译文】宁戚想投奔齐桓公为他效力，但因穷困而没有办法进见，于是他给长途贩运的商人做赶车的雇工才来到齐国，夜晚在外城的门外住宿。桓公到郊外迎接客人，夜间打开城门，派人叫赶车的雇工回避，宁戚正在车下喂牛，(望见桓公)就敲着牛角激切地唱起凄厉的商调歌曲。桓公听到歌声，说："奇异啊，这位唱歌的人，他不是普通人！"命令身后的车载上宁戚。桓公回城，宁戚进见，以完备国内政事劝说桓公。第二天又进见，以称霸天下之计劝说桓公。桓公非常高兴，打算重用他。大臣们提出不同意见，说："这位客人是卫国人，离齐国不远，不如派人去察访一下，若真是贤能之士，再任用也不晚。"桓公说："不可这么做。察访了，恐怕他有些小缺点；因为他的小缺点，而忘记人家的大优点，这是君主失掉天下贤士的原因。而且，人本来难于十全十美，应权衡而用其所长。"遂即提拔重用宁戚，授他为卿。由于此举得当，桓公得到了贤士，所以他后来成就了霸业。

举孝廉第七

韦彪论官

【原文】韦彪，字孟达，扶风人也。拜大鸿胪。是时陈事者，多言郡国贡举，率非功次，故守职益懈，而吏事寖疏，咎在州郡。彪上议曰：“孔子曰：‘事亲孝，故忠可移于君。’是以求忠臣，必于孝子之门。夫人才行，少能相兼，是以孟公绰优于赵魏老，不可以为滕薛大夫。忠孝之人，持心近厚；锻炼之吏，持心近薄。三代之所以直道而行者，在其所以磨之故也。士宜以才行为先，不可纯以阀阅。然其要归，在于选二千石。二千石贤，则贡举皆得其人矣。”帝深纳之。（群书治要·后汉书）

【译文】韦彪，字孟达，扶风郡人。官居大鸿胪。这一时期，凡向皇帝陈说朝事的，大多谈到郡国举荐人才贡举大都不按政绩功勋次序，所以守职的人越来越懈怠，而官员们也慢慢疏懒，其过错在州郡一级。韦彪上书说道：“孔子曾说过：‘事奉双亲孝顺，故可将忠心移于事君。’所以访求忠臣，一定得在孝子之门。凡人的才学和德行很少能够兼备，所以孟公绰比赵、魏两国的家臣好，但却不能做滕和薛两个小国的大夫。忠孝的人，存心近于厚道，而经过磨练的官吏，存心近于刻薄。夏商周三代之所以能直道而行，是由于以忠厚相砥砺的缘故。士人应该把才行放在首位，不能单纯地只考虑他们的家世门第。然而它的要点，在于选二千石（郡守）。二千石贤能，那么贡举就能求得合适的人才了。”光武帝非常同意他的谏议。

隐之孝廉

【原文】吴隐之，字处默，濮阳人也。早孤，事母孝谨，爱敬著于色养，几灭性（性原作郭）于执丧。居近韩康伯家。康伯母，贤明妇人，每闻隐之哭，临馔辍餐，当织投杼，为之悲泣。如此终其丧。谓伯曰："汝若得在官人之任，当举如此之徒。"及伯为吏部，超选隐之，遂阶清级，为龙骧将军、广州刺史。州之北界有水，名曰"贪泉"，父老云："饮此水者，使廉士变节。"隐之始践境，先至水所，酌而饮之，因赋诗曰："古人云此水，一歃怀千金。试使夷齐饮，终当不易心。"在州清操愈厉，化被幽荒。诏曰："广州刺史吴隐之，孝友过人，禄均九族，处可欲之地，而能不改其操，飨惟错之富，而家人不易其服，革奢务啬，南域改观，朕有嘉焉，可进号前将军，赐钱五十万、谷千斛。"（群书治要·晋书）

【译文】吴隐之，字处默，濮阳郡人。他早年丧父，侍奉母亲孝顺恭谨，特别是注重以和颜悦色来奉养母亲。母死，他过度伤悲，差点丧失了性命。他和韩康伯家是邻居。康伯的母亲是一位贤明老妇，她每听到吴隐之的哭声，吃饭时就停下不食，织布时就丢下梭子，同声哭泣，就这样到吴母丧满除服。她对韩康伯说："你以后如果做了官，应当推举任用像吴隐之这样的人。"后来韩康伯进入吏部任职，越级提拔吴隐之，遂列入清廉官吏位置，做了龙骧将军、广州刺史。广州的北界有水名叫"贪泉"。当地父老传说："饮了这个泉里的水，会使清廉的官员改变节操而贪污。"吴隐之踏入广州地界，先到贪泉去，舀水来喝，并赋了下面一首诗："古人云此水，一歃怀千金。试使夷齐饮，终当不易心。"他在广州刺史任内，清廉操守较前更为严格，这种良好的风气，一直影响到边远的地区。晋安帝司马德宗颁诏褒扬、嘉奖说："广州刺史吴隐之，孝行过人，把他所得的俸禄，均分给他的九族。他立身于有机会可以贪得的地位却不改变他的清操。自己不讲求生活享受，家人仍穿着布衣不加改换。他坚持革奢务俭，致使南方各地的不良社会风气得到了改变。朕对他的这种作风是很嘉许的，可奖给他'前将军'的称号，赐钱五十万、谷千斛。"

辨贤佞第八

威王成治

【原文】齐威王初即位，九年之间，诸侯并伐，国人不治。于是威王召即墨大夫，语之曰："自子之居即墨也，毁言日至。然吾使人视即墨，田野开，民人给，官无留事，东方以宁。是子不事吾左右以求誉也。"封之万家。召阿大夫，语之曰："自子之守阿，誉言日闻，然使使视阿，田野不开，民贫苦。昔日赵攻甄，子弗能救；卫取薛陵，而子弗知。是子以币厚吾左右以求誉也。"是日，烹阿大夫，及左右尝誉者，皆并烹之。遂起兵西击赵、卫，败魏于浊泽。于是齐国震惧，人人不敢饰非，务尽其诚，齐国大治。诸侯闻之，莫敢致兵于齐。（群书治要·史记）

【译文】齐威王即位之初，九年之间，诸侯同时进攻，百姓不得安宁。于是，威王召来即墨大夫，对他说："自从先生治理即墨以来，诽谤的话每天都会传来。然而，我派人视察即墨，田地都已开垦，百姓生活丰足，公务没有积压，东部地区因此得到安宁。这是因为先生不会讨好我的左右来求取赞誉的缘故。"于是封给即墨大夫食邑一万户。又召来阿地大夫，并对他说："自从你治理阿地以来，夸奖你的好话天天响在耳边。可是，我派人察看了阿地，田野没有开垦，百姓生活贫苦。过去赵国进攻甄城，你不能救援；卫国攻占了薛陵，你却不知道。你一定是拿钱贿赂了我的左右，以便求取赞誉。"当天就烹杀了阿大夫，并且连自己身边曾经吹捧阿大夫的人也一同烹杀。随即起兵向西攻击赵、卫，在浊泽打败魏国军队。于是齐国举国为之震惊，人人不敢文过饰非，一心一意，竭尽忠诚。齐国因此大治。诸侯听说以后，不敢再出兵进犯齐国。

臧孙哭哀

【原文】二十三年，孟孙恶臧孙，季孙爱之。孟孙卒，臧孙入，哭甚哀，多涕。出，其御曰：“孟孙之恶子也，而哀如是。季孙若死，其若之何？”臧孙曰：“季孙之爱我，疾疢也〔志相顺从，身之害〕；孟孙之恶我，药石也〔志相违戾，犹药石疗疾〕。美疢不如恶石。夫石犹生我〔愈己疾也〕，疢之美，其毒滋多。孟孙死，吾亡无日矣。”（群书治要·春秋左氏传）

【译文】鲁襄公二十三年，孟孙厌恶臧孙，可是季孙却喜爱他。孟孙死了，臧孙进入灵堂，哭声非常悲哀，流了很多眼泪。出来后，他的车夫对他说：“孟孙生前厌恶您，您却悲哀如此。季孙如果死了，您将会怎样呢？”臧孙回答说：“季孙喜欢我，犹如给我增添了疾病；孟孙厌恶我，犹如给了我治病的药物、石针。脸色显得好看的热症不如外表显得不美的石针。石针尚能使我活命，而热症似乎使我脸色很美，但其危害更大。如今孟孙死了，我的死期便为时不远了。”

晏子和同

【原文】齐侯至自田，晏子侍于遄台。子犹驰而造焉〔子犹，梁丘据〕。公曰：“唯据与我和夫！”晏子对曰：“据亦同也，焉得为和？”公曰：“和与同异乎？”对曰：“异。和如羹焉，水火醯醢盐梅，以烹鱼肉，宰夫和之，齐之以味，济其不及，以泄其过〔济，益也。泄，减也〕。君子食之，以平其心。君臣亦然〔亦如羹〕。君所谓可，而有否焉，臣献其否，以成其可〔献君之否，以成君可〕。君所谓否，而有可焉，臣献其可，以去其否。是以政平而不奸，民无争心。今据不然。君所谓可，据亦曰可；君所谓否，据亦曰否。若以水济水，谁能食之？若琴瑟之专一，谁能听之？同之不可也如是。”（群书治要·春秋左氏传）

【译文】齐景公从猎场回来，宰相晏婴陪他在遄台休息。这时梁丘据驱车疾行到某处去。齐景公看到后就说：“只有梁丘据跟我最和谐。”晏婴回答说：“梁丘据只不过是一味保持（与您）意见相同，怎么能说是和谐呢？”齐景公说：“和谐与保持相同不一样吗？”晏婴回答说：“当然不同。和谐就好像做羹汤，用水火醋酱盐梅来烹调鱼肉，由厨师来拌和，调剂其味，增添不足的调料，减除其过重的味道。君子食用它，以便平和其心情。君臣之间的相处也是如此。君主所认为可行但实际上有不妥之处的，臣子则进言指出其不妥之处，从而使君主的决定合宜可行；君主所认为不可行而实际上有可行性的，臣子进言陈述可行的理由，以排除君主的不妥之处。因此，政事平和而不伪诈，民众没有争斗之心。现在梁丘据却不是这样。君王所认为可以的，他也说可以；君王所认为不可以的，他也说不可以。这就如同用清水调剂清水，谁又肯吃这淡而无味的东西呢？又像用琴瑟老弹一个声音，谁又爱听这单调的音乐呢？不应该保持意见完全相同和这是一个道理。”

释之论贤

【原文】张释之，字季，南阳人也。以赀为郎，事文帝，十年不得调，欲免归。中郎将爰盎知其贤，惜其去，乃请徙释之补谒者。释之既朝毕，因前言便宜事。文帝称善，拜释之为谒者仆射。从行，上登虎圈，问上林尉禽兽簿，十余问，尉左右视，尽不能对。虎圈啬夫从旁代尉对，上所问禽兽簿甚悉，欲以观其能，口对响应无穷者。文帝曰："吏不当如此邪？"诏拜啬夫为上林令。释之前曰："陛下以绛侯周勃何人也？"上曰："长者。"又复问："东阳侯张相如何人也？"上复曰："长者。"释之曰："夫绛侯、东阳侯，称为长者，此两人言事，曾不能出口，岂效啬夫喋喋利口捷给哉！且秦以任刀笔之吏，争以亟疾苛察相高，其弊徒文具，无恻隐之实。以故不闻其过，陵夷至于二世，天下土崩。今陛下以啬夫口辩而超迁之，臣恐天下随风靡，争口辩无其实。且下之化上，疾于景响，举措不可不察也。"文帝曰："善。"乃止。（群书治要·汉书）

【译文】张释之，字季，南阳郡人。他因家财富有得以选为郎官，侍奉文帝，十年来未能升迁，想请求免职回家。中郎将爰盎知道他贤能，舍不得他离去，于是奏请朝廷调迁张释之补谒者缺额。释之朝见文帝以后，趁此上前陈述利国便民的事。（听后）文帝称好，便提升释之做了谒者仆射。一次张释之跟随文帝出行，文帝登临虎圈，询问上林苑负责人所养禽兽的记录，提了十几个问题，这位负责人左瞧右看，都回答不上来。掌管虎圈的啬夫从旁代替负责人回答了文帝所问，且很全面，想以此来让皇上看到自己的能力，有问必答，滔滔不绝。文帝说："官吏不是应该像这样吗？"遂下诏命啬夫做上林令。释之上前说："陛下认为绛侯周勃是怎样的人物呢？"文帝回答说："是个忠厚长者。"释之又问："东阳侯张相是怎样的人物呢？"文帝仍答："是忠厚长者。"张释之说："像绛侯、东阳侯都被称为忠厚长者，可是这两人谈论事情时曾经连话都说不出口，难道让人们去学啬夫喋喋不休的伶牙利口么！秦朝因为任用了那些舞文弄墨的刀笔之吏，他们争着拿办事快和督察苛刻来相比高低，那样做的弊病只能是徒具形式，没有怜悯他人的真情。因此使皇上听不到自己的过错，政事衰败，传至二世，国家就土崩瓦解了。现在陛下因为啬夫口齿伶俐就越级提拔他，我担心天下人会随之效仿成风，争相重视口舌巧辩而不讲求实际。再说，下面仿效上面，会像影子随形、回响随声一样快，这一举措不能不仔细想想啊！”文帝说：“好！”于是收回了提拔啬夫的诏命。

景公夜移

【原文】景公饮酒，夜移于晏子，前驱款门曰：“君至。”晏子被玄端，立于门曰：“诸侯得微有故乎？国家得微有事乎？君何为非时而夜辱？”公曰：“酒醴之味，金石之声，愿与夫子乐之。”晏子曰：“夫布荐席，陈簠簋者有人，臣不敢与焉。”公移于司马穰苴之家，前驱款门曰：“君至。”穰苴介胄操戟立于门，曰：“诸侯得微有兵乎？大臣得微有叛者（叛者原作兵）乎？大臣得微有不服乎（旧无此句）？君何为非时而来？”公曰：“酒醴之味，金石之声，愿与将军（将军原作夫子）乐之。”穰苴对曰：“夫布荐席，陈簠簋者有人，臣不敢与焉。”公移于梁丘据之家，前驱款门曰：“君至。”梁丘据左拥琴，右挈竽，行歌而出。公曰：“乐哉！今夕吾饮也。微彼二子者，何以治吾国；微此一臣者，何以乐吾身。”（群书治要·晏子）

【译文】景公饮酒，入夜后转移到晏子家来饮宴，前边带路的随从敲门说：“君主到了！”于是，晏子身披黑色朝服来到门口，一见景公便问：“诸侯们该不会有什么变故吧？国家该不会有什么事故吧？君主为何这个时候屈驾前来？”景公说：“现有香醇的美酒和优雅的音乐，我愿与先生共同享受。”晏子答道：“铺席设宴，安排簠簋等器具，有专人做，我不敢参与。”于是景公便转移到司马穰苴家去饮宴，前边带路的随从敲门说：“君主来了！”司马穰苴穿起甲胄、手持铁戟立于门口，一见景公便问：“诸侯是不是有军队来进攻？大臣是不是发动兵变？大臣是不是有不服从命令的？君主为何这时候前来？”景公说：“我带有香醇的美酒，动听的音乐，愿与您共享乐趣。”司马穰苴回答说：“铺设坐席，摆放簠簋等器具，有专人负责，我不敢参与。”景公只好又转移到梁丘据家去。带路的随从敲门说：“君主到了！”梁丘据左面有人抱着琴，右面有人持着竽，边走边唱出门迎接。景公说：“今夜饮酒赏乐，我真快乐啊！假如没有晏子与穰苴两个人，怎么能治理好我的国家？假如没有梁丘据，怎么让我快乐？”

齐宣九石

【原文】齐宣王好射，悦人之谓己能用强弓〔示有力也〕。其尝所用不过三石，以示左右。左右皆试引之，中关（关原作开）而止〔关，开弓弦至半而止〕，皆曰：“此不下九石，非王，其孰能用是？”宣王终身自以为用九石，岂不悲哉〔伤其自诬而不知实〕？非直士其孰不阿主？故乱国之主，患在乎用三石为九石〔力不足，而自以为有余也。其功德，其治理，皆亦如之〕。（群书治要·吕氏春秋）

【译文】齐宣王爱好射箭，喜欢别人夸自己能用硬弓。他曾使用的弓，拉力不超过三石（三石约合拉力 360 斤），拿给左右侍从看。左右侍从都试着拉弓，拉开一半就停止了，都说：“（要拉开）这弓力量不下九石，不是大王，有谁能用它？”宣王一辈子都自认为自己用的是拉力九石的弓，难道这不可悲吗？不是正直的士人，哪个不逢迎君主？所以，乱国的君主，忧患在于把“三石”当作“九石”。

恭王后觉

【原文】楚恭王有疾，召令尹曰：“常侍管苏与我处，常劝我以义。吾与处不安也，不见不思也。虽然，吾有得也。其功不细，必厚爵之。申侯伯与我处，常纵恣吾。吾所乐者，劝吾为之；吾所好者，先吾服之。吾与处欢乐之，不见则戚。虽然，吾终无得也，其过不细，必亟遣之。”令尹曰：“诺。”明日王薨，令尹即拜管苏为上卿，而逐申侯伯出之境。曾子曰：“人之将死，其言也善。”恭王之谓也。孔子曰：“朝闻道，夕死可矣。”于是以开后嗣，觉来世，犹愈没身不寤者也。（群书治要·新序）

【译文】楚恭王生了病，把令尹召来，说：“常侍管苏跟我在一起，常用正义之言规劝我。我跟他相处，不得安宁，见不到他时也不想他。尽管如此，我是有收获的。他的功劳不小，一定要给他更高的爵位。申侯伯跟我在一起，常放纵听任我之所为。我所喜欢的，他就鼓励我去干；我所爱好的，他就先让我去做。我跟他相处，感到快乐，见不到他时心里就闷闷不乐。尽管如此，我却一无所获。他的过失不小，一定要赶快把他打发走。”令尹说：“是。”第二天楚恭王去世了，令尹就马上拜管苏为卿，把申侯伯赶出国境。曾子说过：“人要死的时候，说出的话是善良的。”恭王就是这样。孔子说：“早晨得知真理，要我当晚死去都可以。”(楚恭王的做法)可以启发子孙，使后辈醒悟，还是胜过那些至死不悟的人。

曾母投杼

【原文】人有与曾子同姓名者杀人，有人告曾子母曰："参乃杀人。"母方织如故。有顷，人复告之。若是者三，曾子母投杼逾垣而去。夫流言之并至，众人之所是非，虽贤智不敢自安（安原作毕），况凡人乎？（群书治要·新语）

【译文】从前有个和曾参同名同姓的人杀了人，有人告诉曾参的母亲说："你儿子曾参杀了人。"曾参的母亲听了这话，仍然跟原来一样织着布帛。接着又有人来告诉她。如此接二连三，曾参的母亲终于扔下梭子翻墙逃跑了。可见流言蜚语一并袭来，众人都来说是道非，连贤德明智的人都不再自信，更何况普通的人呢？

指鹿为马

【原文】秦二世之时，赵高驾鹿而从行。王曰："丞相何为驾鹿？"高曰："马也。"于是乃问群臣，群臣半言马、半言鹿。当此时，秦王不敢信其直目，而从邪臣之言。鹿与马之异形，乃众人之所知也，然不能别其是非，况于暗昧之事乎？（群书治要·新语）

【译文】秦二世执政时，赵高驾驶着鹿车随从他出行。秦二世问："丞相为什么要驾鹿呢？"赵高回答说："这是马啊！"二世于是询问群臣，群臣一半说是鹿，一半说是马。在这个时候，秦二世不相信自己亲眼看到的，却听从了奸臣的话。马和鹿的形状不同，这是普通人都明白的，但是（秦二世）却不能分辨它的是非，更何况那些本身就暗昧不明的事情呢？

荀勖邪佞

【原文】荀勖，字公曾，颍阴人也。为中书监，加侍中。勖才学博览，有可观采，而性邪佞，与贾充、冯紞共相朋党。朝廷贤臣，心不能悦。任恺因机举充镇关中，世祖即诏遣之。勖谓紞曰：“贾公远放，吾等失势，太子婚尚未定，若使充女为妃，则不营留而自停矣。”勖与紞伺世祖间，并称充女淑令，风姿绝世，若纳东宫，必能辅佐君子，有《关雎》后妃之德。遂成婚焉。（群书治要·晋书）

【译文】荀勖，字公曾，颍阴人。任中书监，兼任侍中。他才学渊博，文采可观，但心性邪佞，与贾充、冯紞结为朋党，朝廷贤臣，心中很觉讨厌。任恺趁机荐举贾充（离开朝廷）镇守关中，武帝即诏命派遣他赴任。此时荀勖向冯紞说：“贾公如果再远放外任，我等就会失势。现趁太子司马衷还未订婚，如果能让贾充之女做太子妃，那就不用图谋而自会留在朝中了。”于是荀勖和冯紞借武帝空闲之机，齐声称赞贾充之女贤惠美好、姿色绝世，若能纳入东宫，一定可以辅佐太子，她有《关雎》中所称的后妃的贤德。就这样贾充之女与太子终成婚配。（讽刺的是，贾充的女儿最终成为历史上有名的亡家败国的丑陋皇后。荀勖能将这样的人说成能够辅佐天子的贤妃，足见他巧舌如簧。编者。）

卷六 女德

懿后良妃

樊姬兴楚

【原文】楚庄王听朝罢晏。樊姬下堂而迎之，曰："何罢之晏乎？"庄王曰："今者听忠贤之言，不知饥倦也。"姬曰："王之所谓忠贤者，诸侯之客与？中国之士与？"庄王曰："则沈令尹也。"樊姬掩口而笑。王曰："姬之所笑者何等也？"姬曰："妾得侍于王十有一年矣，然妾未尝不遣人求美人而进于王也，与妾同列者十人，贤于妾者二人。妾岂不欲擅王之爱、专王之宠哉？不敢以私愿蔽众美也。今沈令尹相楚数年矣，未尝见进贤而退不肖也，又焉得为忠贤乎？"庄王以樊姬之言告沈令尹，令尹进孙叔敖。叔敖治楚三年，而楚国霸，樊姬之力也。（群书治要·韩诗外传）

【译文】楚庄王主持朝政结束得很晚。樊姬走下堂来迎接他，说："朝会为什么结束得这么晚呢？"庄王说："今天倾听忠贤的人议政，连饥饿疲倦都忘了，所以回来晚了。"樊姬说："君王所说的忠贤的人，是其他诸侯的门客呢？还是国内有识有德的人呢？"庄王说："就是沈令尹。"樊姬掩口而笑。庄王说："樊姬你笑什么呢？"樊姬说："我得以侍奉君王，已经十一年了，而我却时常派人到外地去寻求美人献给圣上，这些美人现在与我地位一样的有十人，超过我的有二人。我难道不想独占君王的宠爱吗？但我不敢以个人私念去遮挡众多美女啊。现在沈令尹做楚国的卿相好几年了，但一直未见他推荐过贤能的人、罢免过不贤能的人，这哪里算得上是忠贤的人呢？"庄王把樊姬的话告诉了沈令尹，沈令尹立即给庄王推荐了孙叔敖。孙叔敖治理楚国三年，使楚国成为诸侯的霸主。这可以说是樊姬的功劳。

无盐安齐

【原文】齐有妇人，极丑，号曰无盐女。臼头深目，长壮大节，仰鼻结喉，肥项少发，折腰出胸，皮肤若漆。行年三十，无所容入。于是乃自诣宣王曰："妾，齐之不售女也，闻君王之圣德，愿备后宫之扫除。"谒者以闻。宣王方置酒于渐台，左右闻之，莫不掩口而笑，曰："此天下强颜女子也。"于是宣王乃召而见之。但扬目衔齿，举手拊肘，曰："殆哉殆哉。"如此者四。宣王曰："愿遂闻命。"对曰："今大王之君国也，西有衡秦之患，南有强楚之仇，外有三国之难；内聚奸臣，众人不附；春秋四十，壮男不立，故不务众子而务众妇，尊所好而忽所恃。一旦山陵崩阤，社稷不定，此一殆也。渐台五重，黄金白玉，翡翠珠玑，莫落连饰，万民疲极，此二殆也。贤者伏匿于山林，谄谀强进于左右，邪伪立于本朝，谏者不得通入，此三殆也。酒浆沉湎，以夜续朝，女乐俳优，从横大笑，外不修诸侯之礼，内不秉国家之治，此四殆也。故曰'殆哉殆哉'。"于是宣王掩然无声，喟然而叹曰："痛乎无盐君之言，今乃壹闻，寡人之殆，几不全也。"于是立毁渐台，罢女乐，退谄谀，去雕琢，选兵马，实府库，招进直言，延及侧陋，择吉日立太子，拜无盐君以为王后。而齐国大安，丑女之功也。（群书治要·新序）

【译文】齐国有位女子，长得很丑，人称"无盐女"。她头像捣臼，眼窝深陷，身材高大，骨节粗壮，朝天鼻子，喉结突出，身体肥胖，头发稀疏，腰部弯曲，"鸡胸"突出，皮肤黑得像涂了漆，三十岁了，还无人收留接纳（为妻）。于是她自己去见齐宣王，对传达人员说："我，就是齐国那个嫁不出去的姑娘。听说大王德行高尚，我愿意充当后宫打扫卫生的佣人。”传达人员把此事报告给宣王，当时宣王正在渐台大宴宾客，左右之人听罢，没有一个不捂着嘴笑的，都说：“这可算是天下脸皮最厚的女人啦！”当时，宣王却召见了她。只见她睁大眼睛，咬着牙齿，举起手来拍打着胳膊肘儿，然后说：“危险哪！危险哪！”这样重复了四次。宣王说：“希望听听你到底有何见教。”无盐女答道：“现在大王治理的国家，西有实行连横的秦国的忧患，南有强盛的楚国与我为仇，就外部讲，有三个国家发难；从国内看，聚集着一大批奸臣，民心离散，大王四十岁了，还不给已经长大成人的儿子确定名位，不替儿子们操心，而致力于收纳众多姬妾，看重自己喜爱的人而轻忽自己应该依靠的人，一旦大王御驾归天，国家必然大乱，这是第一危险。渐台高达五层，黄金白玉，翡翠珠玑等贵重的装饰品触目皆是，而万民却疲困至极，这是第二危险。贤能之士都隐藏在山林草野之中，阿谀逢迎之徒拼命朝大王身边靠近；奸邪虚伪的人成了朝中权贵，要进忠谏的人见不到大王，这是第三个危险。大王沉湎于饮酒作乐，夜以继日，歌妓和舞女毫无顾忌地在宫廷里喧闹；对外不设法与诸侯联络感情，对内不操持国家的治理，这是第四个危险。所以我说‘危险哪！危险哪！’”宣王听了，默不做声，然后喟然叹息，说：“讲得真痛快啊！今天听了无盐君的话，我才明白我的危险，寡人差一点儿就要国破家亡、性命不保了。”于是立刻下令拆掉渐台，解散戏班子，黜免逢迎拍马之辈，不用华贵的器物，挑选壮士、良马，扩大兵力，充实国家府库的钱粮储备；欢迎进献直言，门第很低者也在提拔重用之列；并选择吉日良辰立太子，拜无盐君为王后。此后齐国国泰民安，都是这位丑女的功劳啊。

皇后衣缯

【原文】明德马皇后，伏波将军援之小女也。永平三年，立为皇后。既正位宫闱，愈自谦肃。能诵《易经》，好读《春秋》《楚辞》，尤善《周官》。常衣大练，裙不加缘。诸姬主朝请，望见后袍衣疏粗，反以为绮縠，就视，乃笑。后辞曰：“此缯特宜染色，故用之耳。”六宫莫不叹息。（群书治要·汉书）

【译文】明德马皇后，是伏波将军马援的小女儿，永平三年，立为明帝的皇后。她正位于宫闱之后，越加谦和肃敬。能诵《易经》，爱读《春秋》、《楚辞》，尤其喜欢《周官》。常穿着厚缯做的衣服，裙子不饰花边。宫中诸位姬妃来请安，远远看到她衣袍粗疏，反而认为是绫绸绉纱之类，到了跟前一看，于是笑了。皇后说：“这种厚缯特别适合染色，所以用它做衣服。”六宫没有人不赞叹的。

和熹节俭

【原文】和熹邓皇后讳绥，太傅禹之孙也。选入宫为贵人，恭肃小心，动有法度。帝深嘉爱焉。及后有疾，特令后母兄弟入亲医药，不限以日数。后言于帝曰：“宫禁至重，而使外舍久在内省，上令陛下有幸私之讥，下使贱妾获不知足之谤，上下交损，诚不愿也。”帝曰：“人皆以数入为荣，贵人反以为忧，深自抑损，诚难及也。”

每有宴会，诸姬贵人，竞自修整，簪珥光彩，袿裳鲜明，而后独著素，装服无饰。阴后以巫蛊事废，立为皇后。是时方国贡献，竞求珍丽之物，自后即位，悉令禁绝，岁时但供纸墨而已。（群书治要·汉书）

【译文】和熹邓皇后名绥，是太傅邓禹的孙女。选入宫中为贵人，恭敬肃穆谨慎小心，一举一动都合乎法度。和帝很是嘉许并且钟爱她。到了邓皇后有病，特令皇后之母及兄弟入宫亲理医药，不限日数。皇后对和帝说："宫禁重地，而让外戚久在宫中，上使陛下蒙受宠幸私家的嘲讽，下会使贱妾落个不知足的毁谤。这样上下都受到损伤，实在是我不希望有的事啊。"和帝说："人都以多次进入宫内为荣，贵人你反以为忧，深刻地作自我检查，实在是难能可贵的啊。"

每有宴会，诸姬贵人竞相修整打扮，簪珥光彩，衣着鲜明，而唯独皇后朴素无华，衣服并不加装饰。阴皇后因巫蛊事发被废，立邓绥为皇后。这时候四方诸侯国进贡，竞相求寻珍贵美丽的东西。自从邓皇后即位，命令全部加以禁绝，每年只供奉纸墨而已。

亡国艳妻

幽王嬖爱

【原文】幽王嬖爱褒姒，欲废后，并去太子，用褒姒为后，以其子伯服为太子。褒姒不好笑，幽王欲其笑，万方，故不笑。幽王为举烽火，诸侯悉至，至而无寇，褒姒乃大笑。幽王欲悦之，为数举烽火，其后不信，益不至。王之废后去太子也，申侯怒，乃与缯、西夷犬戎共攻王，王举烽火征兵，兵莫至，遂杀幽王骊山下。（群书治要·史记）

【译文】周幽王宠爱褒姒，想废掉申后，并废掉太子，立褒姒为王后，立其子伯服为太子。褒姒不爱笑，幽王采用各种方法想让她笑，她还是不笑。幽王点燃烽火，诸侯都赶来了，却没有敌人，褒姒这才大笑起来。幽王想取悦褒姒，便多次为褒姒点燃烽火。越往后诸侯们越不相信（有敌人），更加不愿率兵前来。幽王废黜申后，废掉太子，申侯发怒，与缯国和西夷犬戎一起攻打幽王。幽王点燃烽火召集救兵，诸侯的援兵却没有前来，于是，幽王被杀死于骊山之下。

贾后性残

【原文】惠贾庶人，名南风，平阳人也。拜太子妃，性妒虐，尝手杀数人，或以戟掷孕妾，子乃坠地。惠帝即位，为皇后，虐诛三杨，逆弑太后，矫害二公。荒淫放恣，与太医程据等乱，彰于内外。诈有身为产，养妹夫韩寿儿，遂谋废太子，以所养代立。专为奸，诬害太子，众恶彰著。永康元年，为赵王伦所废，赐死。

（群书治要·晋书）

【译文】惠帝的前皇后贾庶人，名贾南风，是平阳人。她自从做了太子司马衷的妃子后，性情嫉妒残虐，曾经亲自杀过好几个人，曾用戈矛投掷已怀孕的侍妾，使得胎儿坠地。惠帝即位后，她成为皇后，曾残害诛杀“三杨”（杨骏、杨珧、杨济），行叛逆之事，杀害了皇太后（武帝司马炎的皇后杨芷），矫诏杀害“二公”（司马亮、卫瓘）。她荒淫放荡，和太医程据等人淫乱，丑闻传扬于内外。她假装怀孕临产，实则抱养了妹夫韩寿的儿子，于是阴谋废掉太子司马遹，将她所抱养的这个儿子立为太子。并专施奸计，终于诬陷虐杀了太子司马遹，众多奸恶之事昭著于世。永康元年，被赵王司马伦废为庶人，并将她赐死。